FAO中文出版计划项目丛书



# 农业发展过程中农场数据的管理、共享和服务

联合国粮食及农业组织 编著

张龙豹 于日鑫 杨亚飞 等 译

中国农业出版社

联合国粮食及农业组织

2022 · 北京

**引用格式要求：**
粮农组织和中国农业出版社。2022年。《农业发展过程中农场数据的管理、共享和服务》。中国北京。

19-CPP2021
本出版物原版为英文，即*Farm data management, sharing and services for agriculture development*，由联合国粮食及农业组织于2021年出版。此中文翻译由农业农村部国际交流服务中心安排并对翻译的准确性及质量负全部责任。如有出入，应以英文原版为准。



ISBN 978-92-5-136831-2（粮农组织）
ISBN 978-7-109-30340-9（中国农业出版社）

FAO中文出版计划项目丛书

# 指导委员会

## 本书译审名单

**翻　译**　张龙豹　于日鑫　杨亚飞　李骏达　高战荣
成新霞　李运仓　逯汉宁　张　笑

**审　校**　钱　钰　张　笑　曾子心　李　哲

# PREFACE 序 言

随着移动技术、遥感技术和分布式计算能力的普及，农业数字化过程中产生的数据总量呈现指数级增长。有效管理这些数据可降低成本、减少信息不对称，为改善小农户的生活与生计创造新机，但在数据管理或采用数据驱动服务方面缺乏经验可能会限制农业数字化的转型。

提高农作物的附加值可以使其更好地进入市场。例如，特定海拔区域种植的咖啡可以带来额外的利润。农场数据及对货物的溯源可能意味着客源的增加以及售价的提高。通过更多地了解农户和农场，有针对性地提供推广建议及供应化肥，可以提高农作物产量。乌干达茶农从实地测绘中受益，可以更有针对性地购买化肥。通过对农户进行登记并汇总投入品的购买情况，小农户可按折扣价购买投入品。

登记农民的销售情况、绘制耕地地图，充分借助这些数据，可以提升贷方信心，增加获得信贷的机会。借助数据了解协会或农业企业成员，通过绘制地图、与目标群体共同规划农时、增强团体内部互信，组织好农作物收获，从而更好地提升价值链。

联合国粮食及农业组织（FAO，以下简称“联合国粮农组织”）长期从事数据管理、课程开发和培训工作，可为农业数据管理提供相关经验。联合国粮农组织与非加太-欧盟（ACP-EU）农业和乡村合作技术中心（CTA）及泛非农民组织（PAFO）共同证明了农业数据管理对于农民组织更好地进入市场、获得融资和资源的重要性。这些变化可以提高生产力、改善农民生计和增强农业韧性。数据分析结果有利于提升价值链的管理，为制定粮食安全政策提供重要信息。

本书是联合国粮农组织、非加太-欧盟农业和乡村合作技术中心及泛非农民组织的合作成果，旨在根据全球农业和营养开放数据行动项目（MTF/GLO/694/SDL）的执行经验，为农民制定一套培训方案，提高对农业信息和通信技术的认识。虽然传统上的面对面研讨会和培训是传播农场数据管理知识的主要方式，但联合国粮农组织提供了使用慕课（MOOC）来传播信息和知识的机会。本书采用了大量慕课的内容。

本书旨在将受众扩展到那些对农场数据管理感兴趣但无法参加在线课程的人群。本书重点面向农民组织的管理者或工作人员，例如采集农民数据和管理数据的人员、协助农民组织创建数据服务的开发人员和技术提供商。希望他们可以从书中描述的原则和示例中有所收获。

# ACKNOWLEDGEMENTS 致　谢

《农业发展过程中农场数据的管理、共享和服务》由联合国粮农组织及农业和乡村合作技术中心联合编写，由农业和乡村合作技术中心与泛非农民组织共同资助。本书献给雨果·贝希莫（Hugo Besemer）。

# 关于本书 ABOUT THIS BOOK

本书由四章、十五节组成，旨在指导读者更好地理解数据的价值、不同类型和来源以及鉴别数据在农业中可以提供何种服务。

1 “数据、服务和应用”聚焦农业数据价值对农民的支持，如何增加农民收入和扩大粮食生产，农民数字档案，以及设计分析业务模型的策略等。

2 “数据共享原则”向读者介绍共享数据的原则和好处，使用和发布农业数据的潜力，可靠的农业数据共享实践，数据驱动服务的道德和法律敏感性，以及数据保护。具体而言，本章解决了小农户数据共享、数据所有权和数据保护方面的问题，概述了公共和私人数据源的不同作用，以及服务农民过程中重复使用数据源的挑战。

3 “数据使用”指导读者了解发现开放数据的方法和渠道，数据质量的要素是什么，从技术背景和广义层面进行数据分析和数据可视化。本章内容基于“农业和营养开放式数据管理”的免费在线课程（GODAN Action，2018）。

4 “公开数据”概述了共享数据的概念框架，并全面概述了实现数据可查找、可访问、可互操作和可重用的方法。本章对数据互操作性和语义信息进行深入探讨，二者是机器维度不同系统下重复使用数据的关键要素。

读者可以浏览全部内容，了解各个层面，也可以根据自己感兴趣的领域来阅读特定章节。农业领域的各级群体都可从本书中受益，并将所学课程进行实践来开启自己的故事。

# ACRONYMS | 缩略语

| | |
|---|---|
| ABCD | 获取生物采集数据 |
| AEF | 农业产业电子基金会 |
| AgMIP | 农业模式比较与改进项目 |
| AgTrials | 全球农业试验库和数据库 |
| ANACIM | 国家民用航空气象局 |
| APIs | 应用程序接口 |
| APSIM | 农业生产系统模拟器 |
| ATPs | 农业技术提供商 |
| BARTOC | 巴塞尔同义词库、本体论和分类登记册 |
| BY | 署名 |
| CAP | （欧洲共同体）共同农业政策 |
| CAPAD | 农业生产者发展联盟 |
| CC | 知识共享许可协议 |
| CC0 | 知识共享许可协议执照 |
| CEDEAO | 西非国家经济共同体 |
| CF | 气候与预测 |
| CIARD | 农业研究促进信息发展的一致性 |
| CGIAR | 国际农业研究磋商组织 |
| CKAN | 综合知识档案网 |
| CRO | 作物研究本体 |
| CSDGM | 数字地理空间元数据内容标准 |
| CTA | 非加太-欧盟农业和乡村合作技术中心 |
| DCAT | 数据目录词汇表 |
| DDI | 数据文件倡议 |
| DISC | 数据互操作性标准联盟 |
| DOIs | 数字对象标识符 |
| DPLOS | 数据绘图表 |
| DSSAT | 农业技术转移决策支持系统 |

| | |
|---|---|
| DWBP | 网络数据最佳实践 |
| EC | 欧盟委员会 |
| EAC | 东非共同体 |
| EDIFACT | 行政、商业和运输电子数据交换条例 |
| EFSA | 欧洲食品安全局 |
| ESA | 欧洲航天局 |
| EU | 欧盟 |
| FAIR | 可查找、可访问、可互操作和可重用 |
| FAO | 联合国粮食及农业组织 |
| FDP | 农民数字档案 |
| FEPAB | 布基纳法索农业专业人员联合会 |
| FGDC | 联邦地理数据委员会 |
| FMIS | 农场管理信息系统 |
| FOs | 农民组织 |
| GDPR | 一般数据保护条例 |
| GIS | 地理信息系统 |
| GiSC | 种植者信息服务合作社 |
| GODAN | 全球农业和营养开放数据 |
| GPS | 全球定位系统 |
| HIMSS | (美国）卫生信息管理系统协会 |
| ICASA | 国际农业系统应用联合会 |
| ICT | 信息与通信技术 |
| IFPRI | 国际食物政策研究所 |
| IGTF | 伊加拉种植者茶厂 |
| INRA | (法国）国家农业科学研究院 |
| INSPIRE | 欧洲空间信息基础设施 |
| IOT | 物联网 |
| IPR | 知识产权 |
| ISO | 国际标准化组织 |
| ITPGRA | 粮食和农业植物遗传资源国际条约 |
| IVR | 交互式语音应答 |
| KTBL | 农业技术和结构协会 |
| LIVES | 本地检查员值录入规范 |
| LOD | 关联开放数据 |
| LOV | 关联开放词汇表 |

| | |
|---|---|
| MoU | 谅解备忘录 |
| NASA | 美国国家航空航天局 |
| NC | 非商业用途 |
| ND | 禁止演绎 |
| NetCDF | 网络通用数据表 |
| NGOs | 非政府组织 |
| NOAA | 国家海洋和大气管理局 |
| NUCAFE | 全国咖啡农业企业和农场企业联盟 |
| O&M | 观察测量 |
| OADA | 开放农业数据联盟 |
| OAI-PMH | 开放信息库计划－元数据收获协议 |
| OATS | 开放农业技术和系统集团 |
| ODB | 开放数据晴雨表 |
| ODbL | 开放数据库许可证 |
| ODC | 开放数据共享 |
| ODC-By | 开放数据共享－署名许可 |
| ODC-ODbL | 开放数据共享－开放数据库许可证 |
| ODI | 开放数据研究所 |
| ODK | 开放数据包 |
| OGC | 开放地理空间联盟 |
| OGP | 开放政府伙伴关系 |
| OPeNDAP | 网络数据存取协议公开源码项目 |
| OURIndex | 开放、有用、可重用的政府数据索引 |
| PAFO | 泛非农民组织 |
| PAIL | 精准农业灌溉语言 |
| PDDL | 公共领域贡献和许可 |
| PDM | 公共领域标志 |
| PDP | 个人数据保护 |
| PPP | 公私伙伴关系 |
| PSI | 公共部门信息 |
| RDF | 资源描述框架 |
| REST | 描述性状态迁移 |
| ROSCAs | 轮换储蓄和信用协会 |
| RTI | 全球信息公开法评级 |
| SA | 相同方式共享 |

| | |
|---|---|
| SACCOs | 储蓄和信用合作社 |
| SensorML | 传感器建模语言 |
| SMS | 短信息服务 |
| SOSA | 传感器、观察、取样和致动器 |
| SPADE | 标准化精密农业数据交换 |
| SSN | 语义传感器网络 |
| TBL | 蒂姆·伯纳斯-李 |
| TERRA-REF | 来自可再生农业表型参考平台的运输能源 |
| TRIPS | 与贸易有关的知识产权协定 |
| TSML | 观测和测量的时间序列概况 |
| UN | 联合国 |
| UNECE | 联合国欧洲经济委员会 |
| URIs | 统一资源识别符 |
| USAID | 美国国际开发署 |
| USDA | 美国农业部 |
| USSD | 非结构化补充服务数据 |
| W3C | 万维网联盟 |

# CONTENTS | 目　录

# 1

# 数据、服务及应用

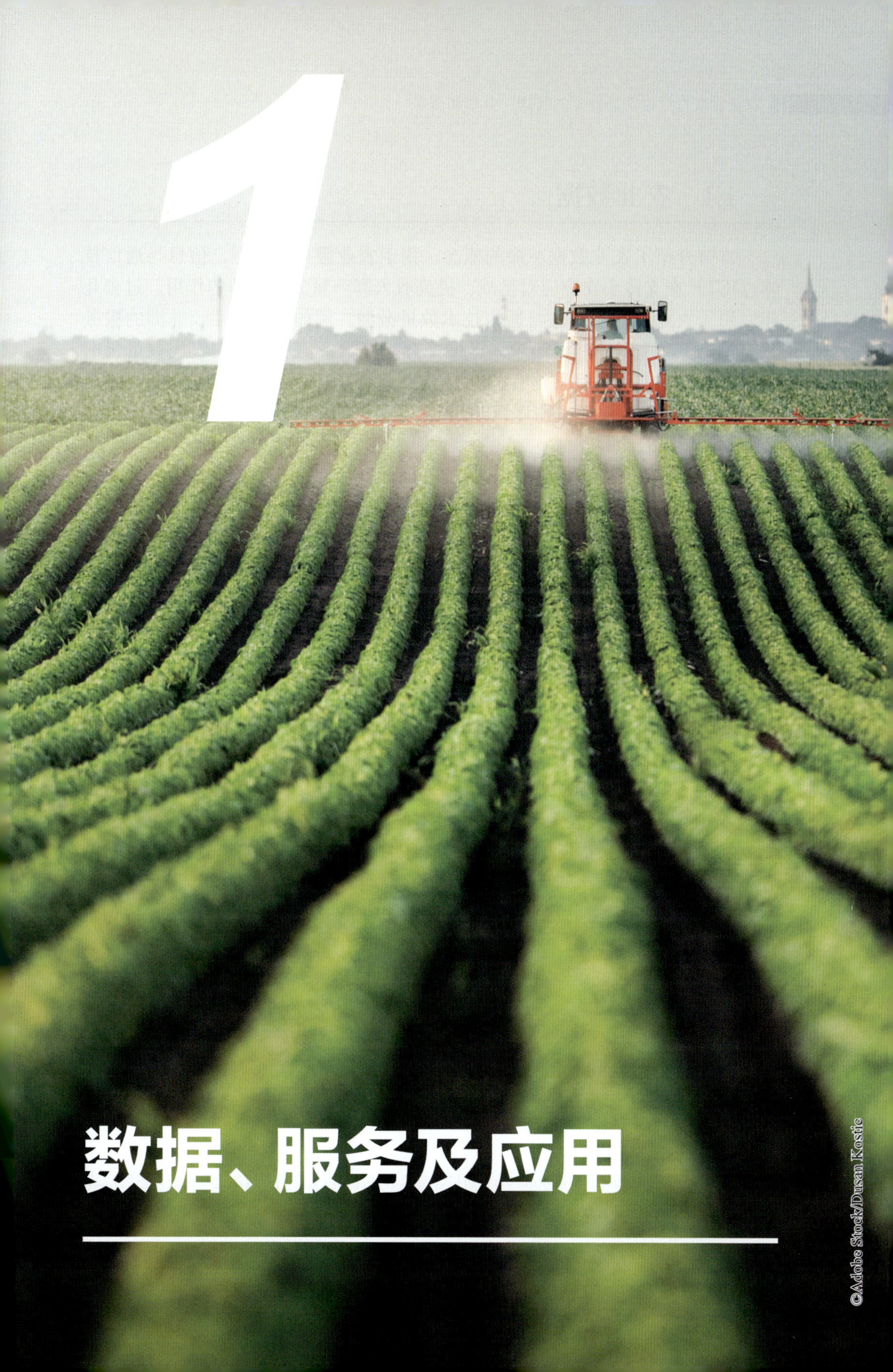

©Adobe Stock/Dusan Kostic

# 1.1 农业数据

本节介绍了农业数据革命的概念，用于农业服务的数据，信息与通信技术（ICT）在支持小农户应对挑战、提高收入和产量方面发挥的作用。过去几年，用于农业服务的信息与通信技术数量激增。例如，2012年，非洲的服务只有41项，2018年增至390项。即便如此，接触到信息服务的农民数量仍旧相对偏少。在非洲，目前约有3 300万农民获得了信息与通信技术服务，不足农民总数的10%。然而，预计到2030年，信息与通信技术服务将惠及2亿农民（Tsan等，2019）。

本节展示了潜在影响较大的服务类型，以及构建和交付这些服务的各类要素。首先，介绍了农业的现状、作用及未来几十年在供给世界粮食方面面临的挑战。其次，介绍了信息与通信技术服务及数据开发在应对这些挑战时的潜力。再次，提供了农场层面数据的构成以及获取数据的方法。另外，还介绍了可以为农民提供可行信息（actionable information）[①]的开放数据集列表。最后，阐述了数据分析、人工智能和机器学习方面的新应用和新趋势。

## 1.1.1 农业数据的机会

小农户是发展中国家农村地区最主要的从业者，也是全球粮食生产领域最重要的贡献者。世界上90%以上的农场是家庭农场，他们生产着80%的粮食，经营着75%的农田（联合国粮农组织，2014）。图1-1数据来自联合国粮农组织的小农户数据画像（Rapsomanikis，2015），显示了小农户的重要性及其对粮食安全做出的贡献。然而，全球粮食生产与消费的演变及世界人口的演变表明，迫切需要提高产量（图1-2）。联合国粮农组织2019年发布的报告《全球粮食安全和营养状况》（联合国粮农组织等，2019）指出了一些令人担忧的事实：自2015年以来，世界饥饿和营养不良的数据停止下降，全球近11%的人口仍深受其害。这意味着，就绝对数量而言，遭受饥饿的人数正在增加。2019年，超过20亿人“无法定期获得安全、营养及充足的食物”。

同时，气候变化也会严重影响产量。例如，国际食物政策研究所（International Food Policy Research Institute，IFPRI）在一份报告中预测，与2000年相比，到2050年，非洲一些地区雨养玉米的产量可能会下降25%（Wiebe等，2017）。

① 可行信息（actionable information）是指容易理解并且可以直接用来做决定和解决问题的信息。“可行信息”这个概念与个人获取信息的能力、知识及环境有关，例如，同样的信息可能对某个人来说是可行的，但是对另外一个背景不同的人来说可能就是无用的。

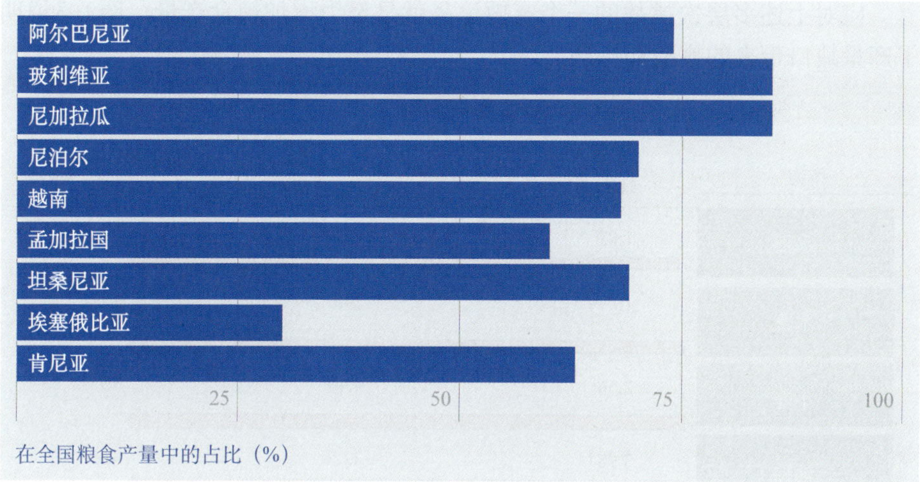


图1-1　小农户粮食产量在其国内占比情况

资料来源：Boyera，Addison和Msengezi，2017。

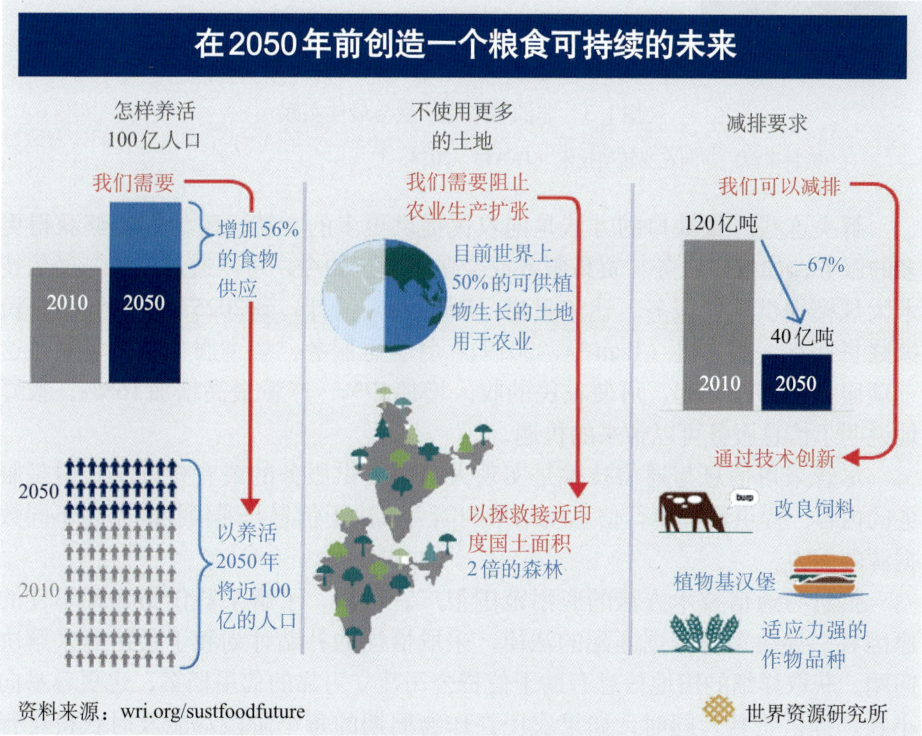


图1-2　为2050年创造一个粮食可持续的未来

资料来源：Waite等，2018。

应对上述多层次挑战的一个有效途径就是努力增加粮食产量。图1-3说明了产量缺口带来的挑战和机遇。

| 作物 | 平均产量（吨/公顷） | 潜在产量（吨/公顷） | 需要提高的产量（%） |
|---|---|---|---|
| 水稻 | 1.87 | 3.23 | 73 |
| 木薯 | 10.79 | 24.0 | 122 |
| 小麦 | 2.54 | 4.40 | 73 |
| 油棕 | 3.98 | 22.5 | 465 |
| 玉米 | 1.93 | 4.69 | 143 |
| 大豆 | 1.19 | 2.20 | 85 |

图1-3　非洲的平均产量与最佳实践

资料来源：非洲农业转型技术（TAAT），2018。

解决这些产量缺口的方法是向农民提供更多的支持，使他们能够获得更多的服务，如推广服务、贸易服务或金融服务。如今，可以通过信息与通信技术大规模提供这些服务。达尔贝格（Dalberg）估计，到2025年，85%的农民家庭将拥有一部手机（Tsan等，2019）；将金融服务、咨询服务和市场联系这三项服务捆绑在一起，可使农民的收入增加57%，产量最高增加168%，很好地说明了信息服务可以带来的机遇。

尽管采用信息与通信技术是实现大范围提供服务的最有效方式，但是服务的内容、提供精确可行信息或结果的能力取决于信息与通信技术整合不同数据源的能力。

信息与通信技术方法的应用范围很广。例如，了解某些作物表现不佳的原因将引导决策者依据匹配的法律，采取恰当的补贴计划和干预措施来解决问题。获取详细的田地信息有助于信贷公司建立可靠的信用档案，也更容易向小农户提供贷款。同时，如果农民在作物周期的每个阶段都能及时获得可行信息，他们就能够做出明智的决定，以可持续的环保方式，最大限度地利用土地。

这些方法不仅有利于农场经营和作物种植，也有利于农业部门的其他活动。以南非开普敦小规模渔民为例，他们用数据支持运营，并从中获益。数据采集对渔民获取金融服务也至关重要。图1-4显示了可能对农民有用且有影响的数据驱动服务类型。主要有四类：

- 与生产相关的服务：收获前到收获后的所有服务，帮助农民从其资产中获取最大价值、抵御任何可能危及收成的病虫灾害。
- 金融服务：一系列的金融服务对于支持农业活动至关重要，包括传统银行服务、小额信贷和补贴计划。
- 贸易和市场服务：包括增加农民进入市场的机会、支持农民销售货物时获得最优价格。
- 注册服务：包括合作社和农民团体对其会员的服务，涵盖会员管理和沟通。

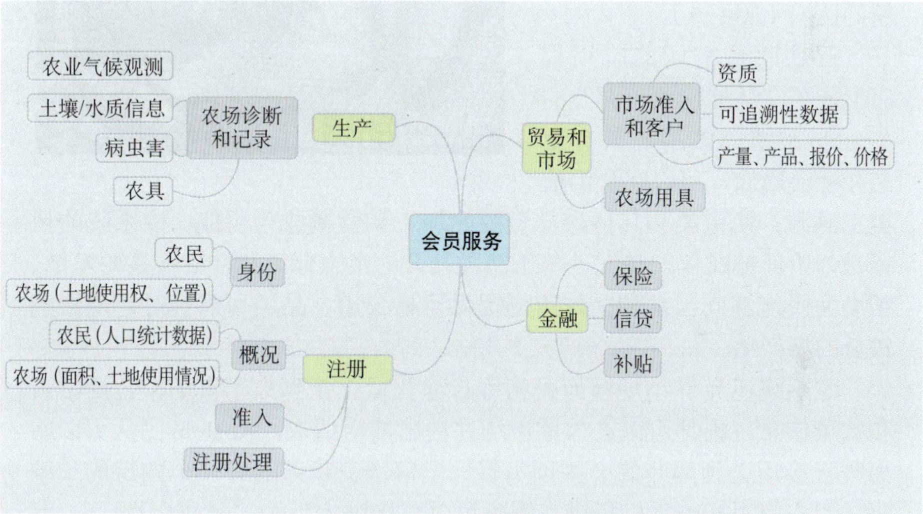


图1-4 数据驱动服务与农民相关概况的模型

资料来源：农业和乡村合作技术中心，2019。

## 案例研究1：Abalobi渔民①

小规模渔业在本地、国内和国际市场可持续的粮食安全方面发挥着重要作用。虽然一些人认为小规模渔民是海洋管理者，但在全球范围内，

① 译者注：英文原文为Alobi，下文均为Abalobi，疑为笔误。

小规模渔民仍然处在边缘化的状态，尚未得到社会的认可。在南非，渔民社区与开普敦大学合作，共同设计了一套应用程序来支持和改善小规模渔业。“Abalobi渔民”是一款可免费下载的应用程序，它提供来自公开渠道的天气和气候的相关信息，并记录渔民实践和捕捞的相关数据。这些以前从未充分且大规模地获取过的数据，使人们对小规模渔业有了新的认识（图1-5）。

五款联系密切的应用程序形成了“从捕捞到烹调”的Abalobi系统。该系统具有生态和社会属性，可以在全价值链上溯源，使鱼类和其他海洋资源的加工和营销成为可能。该系统的目标是为价值链赋权，并促进基于渔民社区的生态标签和社会标签的发展，帮助渔民能够向当地和全球市场提供价格公道、品质可靠且对环境影响较低的海产品。

该系统还允许小规模渔民将每日渔获量上传到数字市场，包括位置和数量信息。厨师可以进入该市场并提出捕捞请求。Abalobi团队可以将海鲜直接运送到南非的一些顶尖餐厅。每次交货都附有一个独特的二维码，用户使用智能手机扫描二维码可以直接进入到Abalobi应用程序，获得与货物相关的信息，比如它是何时何地在南非捕获的，甚至还可以追溯到捕捞渔船的名称。

借助整合移动支付平台和会计功能，该系统有可能最大限度地与多种金融科技服务和工具相互操作，促进小规模渔民发展无障碍、透明的业务。关键一点在于渔民团体拥有就非配额、非主流水产品向社区和餐馆进行定价的权利。

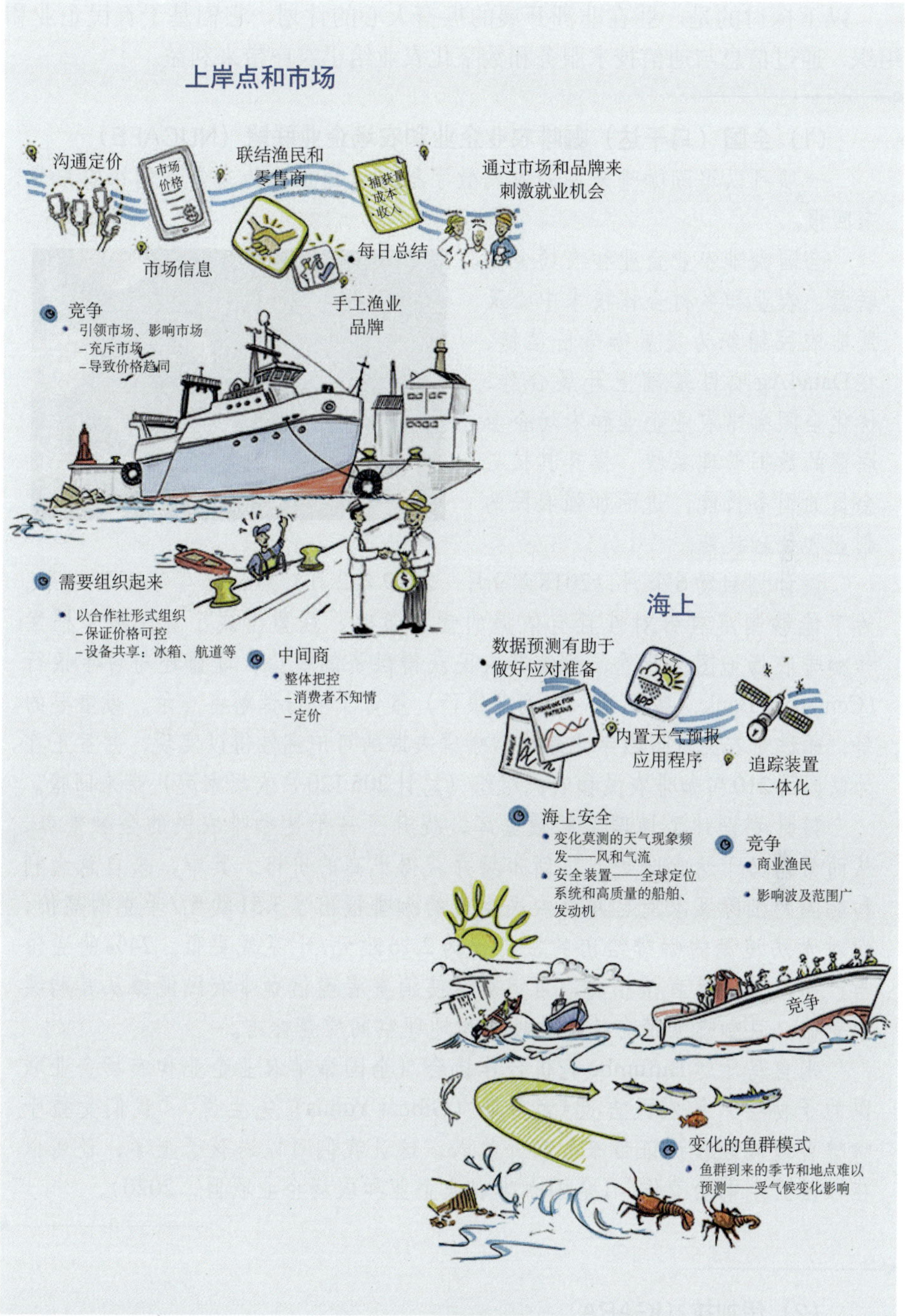


图 1-5 Abalobi 创新

资料来源：Abalobi——一款针对小规模渔民管理的移动应用程序，2020。

以下探讨的是一些在非洲开展的振奋人心的计划，它们基于农民企业和组织，通过信息与通信技术服务和数字化农业给小农户带来利益。

**（1）全国（乌干达）咖啡农业企业和农场企业联盟（NUCAFE）**

一项可以追溯咖啡来源的农民数字档案计划正在为乌干达的小农户带来回报。

全国咖啡农业企业和农场企业联盟、农业和乡村合作技术中心及泛非农民组织为发展咖啡价值链，在Data4Ag项目基础上开展合作，优化全国咖啡农业企业和农场企业联盟的数据管理系统、提升其核心会员的财务技能，进而加强农民的创业和金融技能。

该计划启动6个月（2018年9月—2019年2月）后，产生了可喜成果。为了能够制定有针对性且有依据的营销策略，联盟生成了农民数字档案和咖啡农场地图。此外，为使其农民获得融资的机会，联盟还与百年银行（Centenary Bank，乌干达一家商业银行）签订了一份谅解备忘录。最重要的是，通过对农民进行数字化建档，咖啡来源的可追溯性得以实现，并且正在为联盟的210名咖啡农民和农民组织（总计205 120户农场家庭）带来回报。

该计划设计了地理空间数据库，提升了乌干达咖啡农民的金融素养，从而帮助乌干达咖啡进入了新市场并获得更高的价格。其中，来自意大利和韩国的国际买家对已建档农民生产的咖啡报出了3.51欧元/千克的高价，而对无法追溯的咖啡给出的报价仅为2.16欧元/千克或更低。24%的溢价与产品可追溯性直接相关，可追溯性使消费者确信咖啡农民能够从其购买中受益，且咖啡豆带有特定的地质和地理空间质量标志。

来自乌干达Bufumbo有机合作协会（全国咖啡农业企业和农场企业联盟的子协会）的农民吉贝•尤努斯（Gibezi Yunus）先生说，“我们受益于咖啡可追溯性和认证带来的额外收入，这让我们可以送孩子上学，还可以在社区卫生中心工作”（全国咖啡农业企业和农场企业联盟，2020）。

**（2）伊加拉（IGARA）**

伊加拉种植者茶厂（Igara Growers Tea Factory，IGTF）也受益于农业和乡村合作技术中心为农民会员开发的数据驱动服务。例如，安装的40台数字秤

帮助工厂在收货时向农民付款，这套新的数字系统已经存储了4 000多名农民的交货记录。农民的数字档案获取了农场位置和规模信息，这意味着田间推广服务可以更有针对性，产品质量也提高了。反映在茶叶拍卖市场上，该工厂的收入远高于竞争对手。现在，当地年轻人也参与了该计划，40多名年轻人使用移动应用程序从农民会员那里收集茶叶，还有70名年轻人使用具有全球定位功能的平板电脑来验证农民相关数据，以便平台更好地开展分析（乌干达茶叶发展署，2020）。

**（3）布隆迪农业生产者发展联盟（CAPAD）**

布隆迪农业生产者发展联盟已经支持了39个小农户合作社，为1 4000多名农民（55%为女性）进行了登记，并向所有会员发放了会员证。农民组织（FOs）可以借助收集的相关数据对2019年和2020年的播种季做出更好的规划，如批量订购矿物肥料（1 059吨）、水稻种子（27吨）和玉米种子（18吨）等物资。农民信息的收集也促进了农业信贷的快速申请，2 896名农民组织会员借此机会获得了约111 500美元的贷款。数字会员资格还使合作社能够更好地组织收获后的管理及农产品的营销，到2019年为止，共售出4 052吨水稻、132吨玉米和131吨豆类（农业生产发展协会联盟，2020）。

对于大多数利益相关者而言，数字服务的设计在于将全球数据与农民信息和实地信息相结合来确定内容，如通过适当的信息做出决定。全球数据包括卫星图像，研究报告，关于作物、种子、病虫害的信息数据库等数据；农民信息包括信用记录、田地所有权文件等信息；实地信息包括土壤信息、地理位置、田地和作物状态等信息。从农民层面的结果来看，农民既可获得信贷、保险等新产品以支持其生产，也可获得及时的信息以支持其做出决定（图1-6）。

### 1.1.2 农场层面的数据

农场层面的数据是向个体农民提供可行的、以农民为中心的定制服务和信息的基本要素。关于农场和农民的信息可以根据不同类型服务的作用分为不同部分。第一部分“数据和使用”介绍了信息的类别及其对不同类型服务的作用，第二部分“数据获取”介绍了收集这些数据的不同方法。

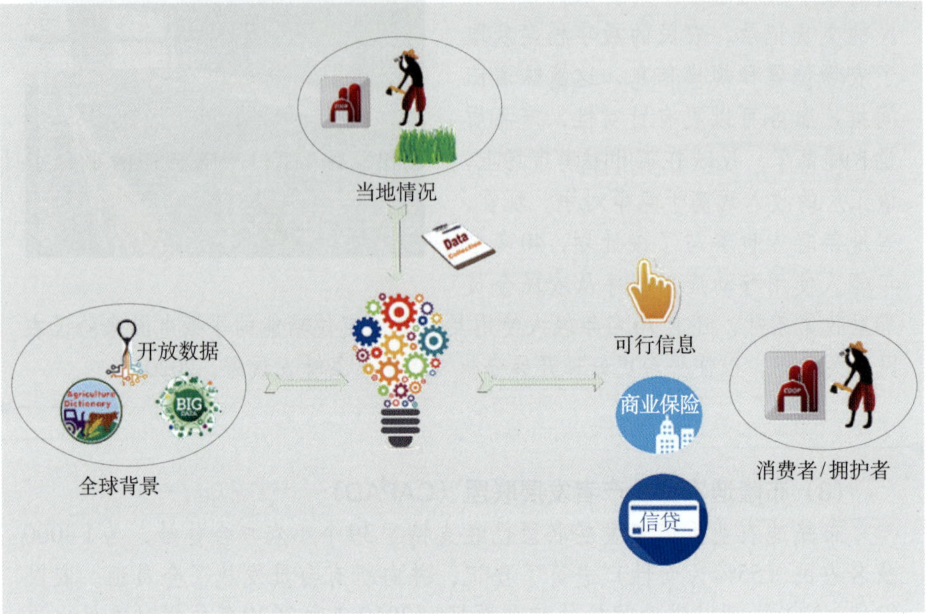


图1-6　服务设计

资料来源：Boyera，Addison 和 Msengezi，2017。

1.1.2.1　数据和使用

下面介绍的是农场层面数据的主要类别。需要注意的是，每个类别中的确切信息集，可能会因设计的特定服务是否需要特定信息而有很大的差异。每个国家的内容迥然不同，例如，在一些国家，如果不知道父亲的名字，那这个人的名字是没有意义的。一些国家可能已经实施了强大的身份认定计划，使身份证号成为有价值的信息，而在其他国家，这可能并不可靠。

- 个人信息：该部分包含个人资料并列出了与农民身份相关的信息（姓名、身份证号、出生日期、性别、语言、收入水平、教育水平/识字水平、家庭人数等）。注意识字水平或所掌握语言等信息对于设计无障碍的信息与通信技术服务至关重要。
- 通信信息：通信信息涵盖了与农民直接互动或通过广播媒体互动的所有信息，包括电话号码、电话类型（智能手机、普通电话等）、手机技能（使用手机短信或应用程序等不同技术的能力）、电子邮件、使用的社交网络、收听收看的广播及电视（及其时间）。这些数据对了解如何向农民提供最有效的服务及信息十分重要。

- 位置信息：位置信息对于确定农民的准确位置至关重要，通常包括行政地址（按行政区划，如区、县等）及全球定位系统坐标等信息。
- 金融工具：农民层面关于金融工具信息的获取对于金融服务（如信贷、保险或补贴支付）来说至关重要，包括银行账户信息（含移动支付账户）。
- 信用信息：信用信息对于获取信贷至关重要，包括信用记录、农场的商业计划（在整个作物周期内确定现金需求和还款时间）、储蓄和信用合作社（SACCOs）会员资格、轮换储蓄和信用协会（ROSCAs）会员资格、积极的信用信息等。
- 保险信息：保险信息也是一组用于不同目的的重要信息，可确定已覆盖和未覆盖的风险，包括覆盖的领域、风险、成本、风险发生时偿还的金额等。
- 农场详情：作为企业的农场信息对于确定特定需求和干预措施以支持其活动来说至关重要。关键信息包括注册号（如果该农场是正式注册的企业）、农场可用劳动力和设备（用于种植、收获、收获后）、与农场相关的推广代理的名单。当该农场为正式的企业时，其特征表现在营业额、收益等财务数据上。对于小农场农民来说，农场的财务数据通常与农民的财务数据相同。在某些情况下，则更适合将这两者分开。
- 资格及认证数据：资格和认证既适用于农场或农民，有时也适用于特定的领域。大多数认证首先需要培训，即使有些培训却得不到任何认证。此类信息在很多用途领域发挥着重要作用。首先，大多数认证在从种植、田间管理到收获等各种活动上都是有规定的，推广活动必须遵循这些约束条件。其次，认证为最终产品提供附加值，对市场营销至关重要。最后，农民了解自己的认证可让其更易于获取其他认证。例如“标准地图（Standard Maps）”[standardsmap.org]的服务目标是让农民知道，基于现有的认证和想要得到的认证，他们需要学习的模块是什么。资格和认证所需要的信息包括培训或认证的名称、日期或机构等。
- 田地信息：在很多情况下，农民在不同地点管理着多块土地，或者即使只拥有一块土地，该土地也被分割成不同的区域种植不同的作物。核心的田地信息包括位置①、大小（可以从土地所有权证书中获知、由农民评估或在生成田地地图时自动计算）、海拔（对某些作物很重要）、土壤、土地所有权及耕作历史。田地信息还包括作物、品种、种子类型等作物信息。作物信息高度依赖种植的商品类型，例如树木（咖啡、可可、椰子或茶）与季

① 位置可能有不同的格式：行政区位、田地内某一点的全球定位系统坐标或田地的地图（地理围栏）。后者为特定服务（生产预测、所需投入评估等）提供了更多机会，当然也更加复杂，获取成本也更高。

节性作物相比区别很大，因此必须调整作物信息。

- 生产信息：生产信息通常与田地相关联。该信息对于推广服务、准备贸易或收获后的活动来说，通常是有用的。分为种植信息和活动信息：种植信息包括日期、间距、间作、设备、种子使用数量；活动信息包括应用的处理方法、推广服务的干预措施、病虫害侵袭和处理、施肥、除草、灌溉、产量、损失、降水等。同样，生产信息直接与作物的特性相关。
- 商业信息：商业信息是营销、销售收益或产品转化的关键因素。该信息描述了农民与商业价值链中其他关键利益相关者之间的联系，包括合作社或生产集群会员、与农民相关的市场、农业企业、销售产品的总量（各销售渠道，如合作社、市场、农场门口）及销售价格等信息。

1.1.2.2 数据获取

数据获取有三种主要的方法（图1-7），它们通常是互补的。

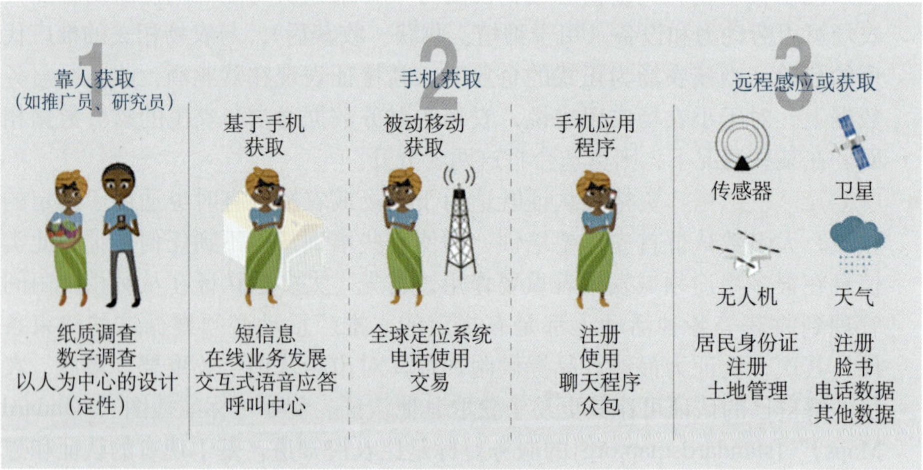


图1-7 获取数据的方法

资料来源：Gray等，2018。

**（1）直接在农场获取**

数据采集者在拜访农民时，通过互动交流来采集数据。

**（2）通过手机远程获取**

现在很多农民都有手机，因此，可以远程采集数据。以下是两种采集数据的主要方法：

a.通过农民配合直接获取：数据从农民那里采集，如直接在农场获取，但是是远程采集的。此类采集可以采取不同的形式：个人对个人通话（通过呼叫中心）、基本的手机应用程序（基于语音的应用程序）、非结构化补充服务数据

(USSD)、短信息服务（SMS）或智能手机应用程序。

b.通过大数据间接获取：移动运营商能够从每个客户的数据中提取大量信息，包括他们的手机使用情况或移动支付等具体移动服务的使用情况。这些数据很有价值，可以补充农民档案中的其他信息。获取、存储和利用这些数据需要移动运营商的合作，因为只有他们可以访问这些信息。当然，农民必须知晓并同意此类数据的采集（见第2.4节“个人数据保护”）。

**（3）使用特定技术自动获取**

可以使用一系列新技术自动获取某些信息，特别是用于田地测绘和分析的无人机及传感器（也称为物联网技术）。例如，由微软（Microsoft，2015）支持的物联网计划“农场节律”（FarmBeats）。该项目旨在通过为农民提供数据来提高其农场生产力、降低成本、提高效率。“农场节律”项目团队正在构建一些独特的解决方案，通过使用低成本的传感器、无人机及视觉和机器学习算法，使从农场获取数据成为现实。

其他数据获取技术包括用来分析农民线上行为的大数据技术，比如农民在社交媒体上的行为，但是这些方法在很大程度上仍与发展中国家的小农户无关。卫星等技术则与获取全球数据更加相关。

### 1.1.3 识别农场作物周期中的关键数据集

许多数据集都能为农民提供信息和服务。一些数据集在作物周期[①]的不同阶段有不同的用处，但这也对数据集提出了不同的要求。市场价格便是一个例子。如果市场价格数据有时间序列，能够显示最近几年的价格变化，那么在选择种植的作物时，市场价格就是有用的。市场价格在销售阶段也是有用处的，但是在这个阶段，数据集必须有实时信息或接近实时信息才有用。有些数据集显然只有国家层面才能获得，但其他的数据集在国家、区域或国际层面都可以获得，如天气预报或卫星图像。和该主题相关的扩展阅读有以下推荐：全球农业和营养开放数据农业开放数据包（GODAN，2016）、美国农业部大数据会议上的演讲材料、美国国际开发署2016年国际粮食援助和粮食安全会议材料。

表1-1介绍了不同类别的数据集、单个数据集[②]及可在其上构建的应用程序类型。

---

① 在此语境下，“作物周期（crop cycle）”一词指的是农民从选择在田间种植的商品到售卖收获产品所经历的一系列阶段。该周期通常分为三个主要的阶段：a.培育前阶段，包括获得资金、选择作物和种子等；b.培育收获阶段，包括从种植到收获；c.收获后阶段，主要专注于贸易和商业，但是也适当包括加工。

② 每个类别的数据集列表并未穷尽，但是提到了主要元素。

**表1-1　数据集、单个数据集和应用程序的类别**

| 类别 | 数据集 | 服务示例 |
| --- | --- | --- |
| 政府、农业法律法规 | （植物）卫生法规（检疫生物清单等）、环境法规、补贴计划、进出口法规<br>示例：肯尼亚所有法律的公共门户网站<br>http://kenyalaw.org | 基于法律框架和补贴计划的作物和品种咨询服务 |
| 官方记录 | 土地登记、许可组织（公司、企业、非政府组织）、进出口关税、许可的作物保护产品<br>示例：法国土地登记（仅限法语）<br>https://app.dvf.etalab.gouv.fr<br>美国加利福尼亚州授权农药<br>www.cdpr.ca.gov/docs/label/labelque.htm | 确定土地所有权/使用权，倡导土地改革和新土地备案管理等 |
| 政府财政数据 | 农业补贴支出（直接支付、产品支持、关税等）、与农业相关的税收收入、对农业参与者的处罚、研究和教育的投资（推广、研究、专业培训机构和大学）。<br>示例：阿尔巴尼亚金融门户网站<br>http://isdatabank.info/albania<br>乌干达2003—2017年预算数据<br>https://bit.ly/2z1Eqmx | 预测补贴计划的变化影响，提高对处罚风险的认识 |
| 农村发展项目数据 | 一般项目信息，包括金融数据、区位、受益人、活动、项目产出、成果和影响、项目文件<br>示例：所有英国援助（UKAID）赞助项目的国际援助透明度倡议（IATI）数据<br>https://devtracker.dfid.gov.uk | 确定加以利用的现有计划 |

©Adobe Stock/agnormark

（续）

| 类别 | 数据集 | 服务示例 |
| --- | --- | --- |
| 土地使用和生产力数据 | 土地使用数据、耕地面积、田间现有作物、收获作物、作物类型<br>示例：印度土地利用信息<br>https://bit.ly/2MdcNjn | 确保耕地的土地使用权、预测产量、为贸易商提供有关作物种植地点的咨询服务、提供与特定作物相关的病虫害的咨询服务 |
| 价值链数据 | 不同价值链参与者和组织的概况<br>①农场数据，如农场系统、作物、土地面积、农场收入、家庭构成、农场就业、农场主年龄、化肥使用等；<br>②合作社；<br>③贸易；<br>④处理器，如类型、规模、营业额、资本、投资、环境透明度指标等；<br>⑤零售，包括（食品）产品数据（如食品营养价值、食品成分、产品来源、环境因素、生产时间和地点等）、（安全）检查结果、认证。<br>示例：美国畜牧业和家禽业分析<br>www.gipsa.usda.gov/psp/ publications.aspx<br>UL疯牛病检测数据<br>https://bit.ly/2MgmddD | 利用联系（农民或投入品经销商的联系、市场链接等） |
| 基础设施数据 | 道路网络和条件、道路维护计划、公共交通、水路、网络连接地图、移动连接地图<br>示例：加拿大不列颠哥伦比亚省公布交通数据（如可用于减少易腐蚀货物的运输）<br>www.th.gov.bc.ca/trafficData/index.html | 交通服务，不同类型信息与通信技术的适用性[基于全球移动通信系统（GSM）的服务与基于互联网的服务] |
| 市场与价格数据 | 全球食品价格、国家证券交易所价格、区域市场价格、当地市场价格、各类市场的位置、进/出口量<br>示例：埃塞俄比亚商品交易所<br>www.ecx.com.et | 市场价格信息、市场准入决策支持、价格谈判支持等① |
| 气象数据 | 短期天气预报、详细的农业气象数据、季节性的天气预报（提前3 ~ 6个月）、实时观测、历史观测档案、重新分析的历史模拟天气、气候观测、气候参考数据、气候带、气候变化预测、降雨数据<br>示例：澳大利亚实时气候数据<br>www.bom.gov.au/ climate/data | 基于当地条件确定种植的作物和品种，如气候带、农业生态区、天气预报、土壤或田地的全球适应性（如洪水风险）、支持农民的活动计划（播种、收获等）。警觉并预防严重气象灾害带来的破坏② |
| 海拔数据 | 数字高程模型、高程地图、高度点、坡度、坡向③、集水区、排水、侵蚀敏感性<br>示例：国际农业研究磋商组织STRM 90米数字高程数据库<br>http://srtm.csi.cgiar.org | 高价值产品的确定及地理认证产品的设置④ |

（续）

| 类别 | 数据集 | 服务示例 |
| --- | --- | --- |
| 水文数据 | 水源洪涝区位置、洪水历史记录、实时水位、水质、地下水位、水资源管理<br>示例：英国洪水风险数据<br>www.shoothill.com/Floods&Rivers | 警示并减少洪水的影响，就农业用水的可获得性和质量向农民发出警报 |
| 土壤数据 | 土壤图、土壤样本、土壤分类<br>示例：国际土壤参考和资料中心（ISRIC）土壤数据库 www.isric.org/explore | 根据土壤信息选择最佳作物和最佳投入品 |
| 生产建议数据 | 栽培品种、地方品种数据；作物选择建议；作物日历、间作、套作、轮作；与资源相关的农场建议⑤；肥料推荐<br>示例：联合国粮农组织小型农业生产者的技术与实践（TECA）数据<br>www.fao.org/ teca/new-search-result/en | 从土地选择、作物选择到收获和收获后的整个作物周期的推广服务 |
| 病虫害管理数据 | 植物害虫的出现与分布；病虫害识别与防治；病虫害生物学、毒理学；植物保护措施<br>示例：国际应用生物科学中心（CABI）在植物方面的应用<br>www.plantwise.org/ KnowledgeBank | 病虫害监测和防治、疾病暴发预警 |

注：①在信息和信息与通信技术服务对易变质产品收入增加和损失减少的影响中，市场价格信息服务产生的影响是记载最多的例子之一。参见乌干达农民（Svensson和Yanagizwa，2010）或喀拉拉渔民（Jensen，2007）的例子。

②参见塞内加尔ANACIM向渔民发送天气警报的例子（Anannya，2018）。另一个例子是南非的Abalobi智能手机应用程序系统，可以让渔民根据天气信息（海浪、潮汐等）决定是否作业。

③坡向确定每个像元到其相邻像元的最大变化率的下坡方向，可以被视作坡度方向。坡向的作用：作为寻找最佳斜坡的一部分，找到山上所有朝北的斜坡；作为确定每个地点生物多样性研究的一部分，计算区域内每个位置的太阳照度；作为确定哪个居住区域可能首先被径流袭击研究的一部分，找出山区的所有南坡以确定最先融雪的位置；确定平地区域。资料来源：ArcGIS Desktop，2020。

④有关咖啡因其特定的地理位置和海拔高度而涨价的示例，参见全国咖啡农业企业和农场企业联盟新闻。

⑤与作物选择、作物和土地管理的相关数据，通常可以在推广服务信息中找到。

### 1.1.4 数据分析、人工智能和机器学习

农场层面的数据和全球数据集的排列组合生成了大量的信息。目前为止，大多数可用的服务相对来说是比较基础的，由人工分析的数据构成。而新方法，特别是区块链（Sylvester，2019）、数据科学、人工智能和机器学习则为未来提供了预测分析等机会，包括产量预测等。这将为所有价值链参与者（从公共部门到交易商）提供潜在的粮食安全风险的早期预警。在获得更多数据后，这些方法在未来就会成为可能。随着数据采集变得更加自动化，农场层面的数据也变得更多。例如，传感器开始大规模使用，同时，随着政府、国际组

织及包括私营部门在内的所有参与者发布更多的开放数据集并增加对大数据流的访问，数据量将以指数的方式增长。这会为更先进的自动预测服务提供更多机会。相比现有的信息与通信技术服务，这些服务将会以更低的成本，提供更大的附加值，使其更具影响力、更可持续。这一趋势是明确的①，并且随着世界范围内大多数国家对数据科学的应用和发展，未来几年可能会引发新一波信息与通信技术服务的浪潮。

## 1.2 农民档案

为了增加产量和收入，小农户需要各种类型的服务，包括推广、金融或贸易服务。这些服务以物理或信息与通信技术形式存在，其设计、部署和交付需要将数据在农场层面进行排列组合。这些数据须有全球背景并由国家、区域或国际组织发布的开放数据集提供。

### 1.2.1 农民数字档案

提供量身定制的、可行的服务通常被称为“精准农业”，其在全球范围内已经发展和运用了十多年。这些服务会采取不同的形式。在大多数发达国家，农民拥有能力、基础设施和设备，可以直接或通过传感器收集自己农场的数据。因此，农民可以选择其所需服务，并通过提供服务的第三方分享其数据。

大多数发展中国家的情况则迥然不同。农民缺少能力、基础设施和设备，还无法收集和管理自己的数据，也无法直接与服务提供商互动。因此，各类服务提供商直接在农场收集不同类型的数据。但是，这也带来了一系列挑战，例如：

**（1）服务提供商缺乏可持续性**

目前，每个服务提供商必须完成数据采集和数据更新流程，耗资巨大。因此，提供的这些服务对于农民来说既昂贵又很难持续。

**（2）农民的权利没有得到尊重**

目前，农民并没有真正意识到自身数据已被使用，而且就个人而言，他们也无法真正保护自己的利益。事实上，他们失去了自己数据的拥有权，同时，这些掌握在服务提供商手中的数据不一定会使农民的利益最大化。

**（3）服务提供商绑定**

由于服务提供商通常会设置端到端的服务，因此农民很难转向另一家提供商。比如，如果一家金融服务机构采集并建立了农民的信息数据库来计算他

① Tsan等（2019）表明，60%的信息与通信技术服务提供商计划在未来三年整合这些技术。

们的信用评分和资格，那还款率或信用价值等信息就存储在了该机构，不支持农民向其他金融机构申请贷款。

为了解决这些问题，农民数字档案（FDP）平台这一新方法正在兴起。该概念是由一家组织将农民的所有资料信息采集起来，然后利用这些信息支持服务开发，如图1-8所示。

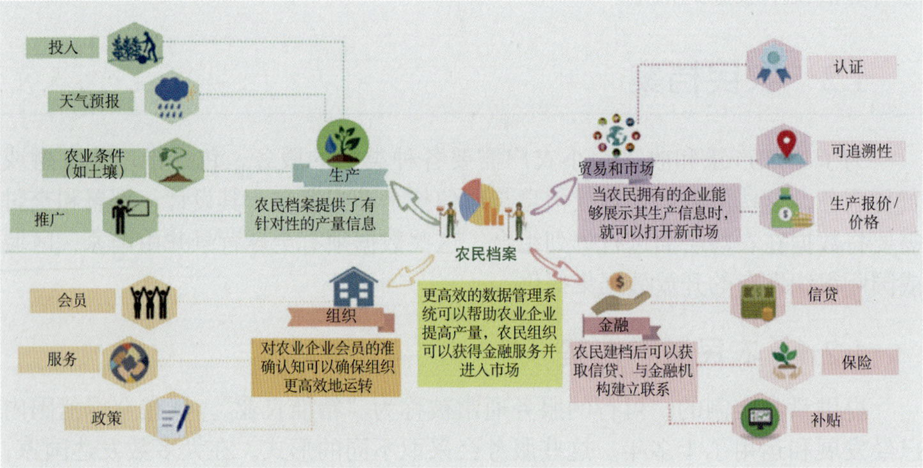


图1-8　农民数字档案

资料来源：Addison等，2020。

从事农民数字档案的组织包括：农民组织，如布基纳法索农业专业人员联合会（布鲁塞尔简报，2018a）；合作社，如伊加拉茶厂、全国咖啡农业企业和农场企业联盟（Muwonge，2018）；根据合同管理农民的农业企业，如马拉维的默里迪恩（TechnoServe，2017）；建立国家数据库的政府机构，如斐济作物畜牧业委员会（Daunivalu，2018）、卢旺达农业部。

这些不同类型的组织可以更好地了解其会员，特别是他们是谁、在做什么、住在哪里、生产什么等。这些信息必不可少的原因是：

- 制定规划和战略：组织可以根据真实的数据规划服务、干预措施及投资领域。他们将能够确定可扩展的领域，或者在生产或销售方面存在特定机会的领域。深入了解其会员能够使组织定义其路线图并明确新服务内容，做出财务预测并准确地预估各种服务的潜在市场。总之，这些信息让组织可以根据事实和数据规划其活动。
- 会员管理更容易：对于农民组织、合作社或相似的组织，使用农民数字档案有助于会员管理所有内部活动，比如支付、选举和投票。该平台可以帮助组织在这些任务中节省时间和金钱。

- 沟通更轻松：获取沟通细节，特别是电话号码，可以让通信平台自动发送各种形式的消息，例如语音、短信息等。这些平台使中心组织及其会员可以更好和更规律地进行沟通。新沟通渠道的使用可以让组织：
  - 更好地了解其会员的需求；
  - 更好地理解制约因素和相关痛点；
  - 就特定的主题向其会员提问，获取他们的反馈。
- 更能识别和引入新服务的机会：更好地了解会员可以让组织发现新的有针对性的增值服务。这些服务不仅会向会员提供新的利益，还会增加会员价值，并让农民组织和合作社能够招募新会员。由第三方供应商开发的信息与通信技术服务在潜在的新服务中占有一席之地。

维护农民数字档案平台的可用性对于信息与通信技术服务的提供商来说至关重要，因为可以节省大量成本，使该服务更加经济实惠和可持续。为了达到这一目标，这些服务必须由农民组织、合作社、服务提供商和农民来共同设计。

- 加大宣传力量：深入了解会员可以让组织在宣传中拥有更大的力量。从基本层面来看，拥有农民数字档案平台的组织可以证明其会员资格并且展示会员的数量，以及他们是谁、来自哪里。这赋予了组织具有代表性的发言权。从更高级的层面来看，组织可以利用其会员信息以各种方式向政策制定者提供信息。
- 模拟所提措施的影响：组织可以基于农民的信息来衡量或模拟新措施（如新的补贴计划）的影响，并基于真实数据来确定其对新措施的态度。
- 快速开展调查，获取会员对于专题的立场：组织可以调动会员并收集他们对于专题的观点。这个过程使组织能够基于真实数据和农民的明确授权来确定并守护自己的立场。

- 新的收入来源：农民的资料是第三方活动的潜在收入来源，如研究、市场调查及广告。

然而，值得注意的是，农民必须同意自身的相关数据被使用并且参与到这些活动中。这些收入来源在第1.2.4节“农民数字档案平台商业模式”中有详细的介绍。

简而言之，农民数字档案平台为农民组织、合作社和管理农民团体的类似组织提供了一个机会，同样也为以农民为中心的新服务促成者提供了机会，这些服务对于增加产量、减少损失、最大化小农户的收入至关重要。农民数字档案平台也可保护农民权益并确保农民从公开的农场数据中获利。

虽然农民数字档案平台是设计和交付服务的重要推动因素，但是在更大的背景下，其他推动因素也产生了重要的影响。

值得注意的是，农民数字档案平台既是计划、辅助方案设计、推广服务等公共服务的推动者，也是金融贷款等私人服务的推动者。除了信息服务，政策制定者同时也是存储在资料信息中的数据的潜在消费者。该档案平台会提供原始内容来计算关键的政策指标，如种植土地、灌溉土地的面积等，还可以预测政策干预的影响。

然而，虽然所有这些应用程序都能够被档案平台启用，但是该平台能否成功及其交付预期结果的能力还取决于其他因素，包括实施背景、档案内容、存储数据的质量、及时性和完整性，及从技术角度来看平台的可用性、可靠性和有效性。

### 1.2.2 农民档案项目的组成部分

农民档案项目由五个小部分组成，涉及为确保项目成功发展必须考虑的不同组成部分或维度。

#### 1.2.2.1 国家背景维度

对于国家层面的资料采集项目，在设计和开发农民数字档案平台前，重要的是探索和回顾该国正在进行的其他举措，以确定可以连接到档案平台的现有公共或私人数据库。这些数据库包括身份数据库（如印度的Aadhaar系统）、土地数据库、分支机构数据库等。

#### 1.2.2.2 法律和政策维度

农民档案平台采集和储存的是具有个人数据属性的农民和农场数据。在许多国家，个人数据的采集、储存和管理受特定法律的监管。因此，必须复查这一立法并记录关键要求，如官方声明、数据共享权、征求农民的同意等。必须在构建该平台前考虑这些因素，以确保该项目没有违反任何规定。同样，其他与开放数据和官方统计数据相关的法律也可能对发布匿名汇总数据集的能力产生影响，特别是在该平台受到公共机构授权的情况下。因此如果技术平台要符合国家法律，就必须查明开发时面临的法律限制，还需要考虑国际和区域条约、协议和政策。

#### 1.2.2.3 运营维度

农民档案项目的成功在很大程度上取决于数据采集任务的执行。有以下两个阶段需要考虑：设置阶段，第一次采集资料信息；操作阶段，资料定期更新的后设置阶段。

**（1）设置阶段**

设置阶段的成功依赖于以下一系列因素：

- 与目标农民的接触：采集农民及其农场的个人详细信息并不像最初看起来那么容易。文献表明，当有人出现在农场时，农民即便不反对提供其详细资料，也是很勉强的。为了支持这项任务，确保农民提供的是真实资料，必须提前组织一系列活动。
    - 提高认识活动：必须组织农民会议及广播节目，向农民解释概念、过程、理由和潜在利益。这些活动还应详细说明需要采集的信息及其原因。
    - 数据共享协议：如果农民不清楚谁将使用这些数据，他们通常不愿意共享其数据。从伦理的角度，有时从法律的角度，甚至从操作的角度来看，向农民提出数据共享协议非常重要。请注意，数据共享协议是对个人数据保护条例进行仔细分析的结果。
    - 增加对数据采集者的信任：农民需要确保那些到其农场寻求数据的人是经过授权的数据采集者。建议为数据采集者配备专业证件和易识别的衣物，如夹克或帽子，在提高认识的活动中进行宣传。其他增加信任和简化数据采集者工作的因素包括：宣布访问时间或由推广代理、合作社/农民团体负责人等可信的人将采集者介绍给农民。
- 计数者的培训：计数者的培训，不仅是在技术平台上培训，更重要的是在数据采集过程中培训，这是任务成功的关键。特别是，必须要提高对数据安全和设备保护的认识、对采集的数据保密、提交数据共享协议，以及获得农民同意。培训还应包括将资料发送到中央平台以供审查的最佳做法。建议设计一个数据采集者必须签署的章程，包括任务的所有要素，以及如果违背了某些法律要求或保密性时可能面临的法律风险。
- 提供强大的设备：数据采集者的设备是该过程的关键因素，因此，必须是值得信赖的设备。应考虑以下不同的因素：

- 电源：数据采集器应该配备1～2个移动电源，以确保它们可以进行一整天的数据采集，不会受到电量不足的影响。根据所处位置，为数据采集者的移动电源和设备提供充电保证。
- 平板电脑：平板电脑的稳健性及其组件的质量，特别是车载全球定位系统芯片，是确保信息采集质量的关键因素。
- 内存：根据资料的广泛性，建议在平板电脑上划出额外的内存以确保可以存储所有的数据。

- 数据采集者的资金：数据采集者必须有充足的旅行和通信资金以寻求农民支持、传输档案数据等；支持不足会对时机产生重大影响。
- 监控：必须确保实时监控所采集资料的质量，特别是在资金支持不足的开始阶段，确保每个数据采集者都理解任务内容。当检测出来资料当中存在问题时，必须将信息传达给采集者，使其完善有问题的资料。为每份采集并验证的资料付款是确保资料质量的一个有效方法。
- 支持：数据采集者不可避免会遇见无法解决的问题或需要得到回答后再执行任务的情况。因此需要一个支持机制（如热线），必要时提供现场支援。

**（2）操作阶段**

组织一次性的数据采集相对容易（如通过人口普查），但是建立一个能够确保数据资料定期更新的系统则具有挑战性。我们可以探索不同的模式，并考虑不同可能的组织和制度安排。有以下选项：

- 集中式与分散式模式：组织农民数字档案平台的方式有很多种。一种是使用集中式模式，此种情况下，特定组织能够创建平台，掌握农民信息。该模式适用于可以直接接触农民的当地组织（如当地农民组织、农业企业、合作社等）。另外一种方式是分散式模式，其资料由一系列组织提供。该模式非常适合全国性的农民数字档案平台或分散的组织（如由合作社形成的群体）。这样的设置会比依靠单个合作社或农民团体来了解其成员的信息更有效。分散式模式的效率通常更高，主要是因为以下两点：第一，测绘组织与农民有

直接的联系，并且信任关系已经存在；第二，测绘组织可以将资料信息用于他们的活动，为做好工作提供了重要动力。然而，这样的模式只有在农民组织资质良好且每个实体都有足够的能力执行任务和利用资料的时候，才能成为可能。

- 特定任务与部分其他任务：如上所述，设置阶段通常就像进行人口普查一样，可以用与年度或季节性资料更新任务相同的方式来组织资料的更新。然而，这种方法面临着两种挑战：第一，这项任务需要像设置阶段一样调动资金，因此成本高昂；第二，数据最多每年更新一次，通常是每3 ~ 5年更新一次，这可能不适用于特定任务或价值链。例如，对于茶或咖啡的种植者或椰子的生产者来说，资料信息每年不会变化太大；对于雨养作物来说，至少每年更新一次信息，通常是一年更新2 ~ 3次。

另一种方法是将更新资料的任务交给定时拜访农民的人。这种模式使数据更新变得更加灵活且不需要大量资金，很容易在拥有强大推广代理网络且可以将任务添加到工作描述中的国家，或是上述分散式模式中与农民紧密联系的测绘组织中实行。最好的方法是混合法，每3 ~ 5年进行一次人口普查，季节性地更新只关注有限数量的信息类型，且使用更为基础的技术。

- 农民主导模式与组织主导模式：更新资料信息可以作为一个自上而下的任务进行，测绘组织如上所述收集信息，或者由农民自己更新自己的资料①。该模式需要以下两种因素才能成功。第一，建立不同渠道，使农民可以自己更新资料。这意味着需要一个呼叫中心，因为许多发展中国家的农民可能无法使用智能手机的应用程序、短信息及非结构化补充服务数据，甚至无法使用基于语音的服务，即交互式语音响应服务。农民主导模式也需要定期地沟通活动，提醒农民更新资料。第二，制定农民更新资料的激励措施，这一点很关键。如果有直接的奖励，农民会花时间来更新资料。激励措施可以多种多样，包括免费推广服务、经济奖励、获得补贴等。激励计划是农民主导模式的基石。

要注意，数据采集的特定选项的选择对技术平台、其功能性和所需的基础设施服务（如建立呼叫中心或交互式语音应答）有重大影响。它还会影响整个项目组织，如培训谁或如何培训及总体预算。因此，在做出技术选择之前选择出这些要素是至关重要的。

#### 1.2.2.4 技术维度

根据定义，农民档案平台是一个信息与通信技术平台，因此技术维度方面的因素是需要重点考虑的部分。一个档案平台由以下三个要素组成：

① 这意味着农民需主动联系运行农民数字档案平台的组织以更新他们的资料。

**（1）数据采集模块**

通常是平板电脑应用程序的形式。在大多数国家，农村地区的互联网对于需要网络连接的应用程序不够可靠，因此，建议使用离线应用程序。应用程序需要包含但不限于以下一系列功能：

- 当连接可用时，可以同步资料信息；
- 安全性：平板电脑和应用程序必须是安全的，可以保护数据。
    - 平板电脑应有杀毒保护功能。
    - 平板电脑在连接到互联网时，可以远程擦除数据。
    - 平板电脑应该受到保护并专门用于数据采集，避免采集者与他人共享图片、游戏等，以防他人访问机密数据。
    - 应用程序必须有身份验证功能，以确保只有验明身份的数据采集者才能访问数据。
- 适应资料变化的灵活性：资料内容可能会随着时间的推移而逐步发展，应用程序应当具有这种灵活性。
- 地理定位：应用程序很可能需要获取全球定位系统坐标，如农场、田地等，因此应该能够匹配车载全球定位系统芯片。
- 验证：应用程序应该辅助数据采集者，并在进入时，通过检查数据，来检测是否有任何拼写错误或其他错误。
- 更新：应用程序必须提供一种方式来复查或更新已有资料（运营阶段）。应用程序和中央资料存储库必须同步其资料，特定数据采集者必须能够访问所分配的特定资料。

**（2）中央资料数据库**

这是平台的中心。需要考虑的关键功能或要素包括：

- 敏捷性：平台应该能够及时便捷更新资料模板，因为随着采集特定数据的新应用程序的出现，资料内容含量也逐渐演变和扩充。
- 稳健性：平台及底层基础设施的设计应该基于资料的目标数量、数据采集者的目标数量及第三方应用程序可以同时连接的数量。
- 安全：中心平台的安全依赖于不同的元素。
    - 软件安全：该平台必须是最新的操作系统，并拥有最新的杀毒软件。
    - 保护：该平台必须托管在一个数据中心，该中心需提供与电力、物理入侵、温度、水等相关的保护。
    - 备份：至少每周进行一次，且内容必须安全地储存在不同的物理站点。
    - 访问：该平台应该为安全访问提供最新的技术，特别是端到端加密密码的使用，且应该拥有能为不同用户类型提供灵活框架的精细授权模型。该授权模型至少要在个人资料层面提供特定资料的访问服务，并在资料内容层面提供对资料特别部分的访问服务。

- 验证：该平台应该有一系列内置检查技术，突出存储资料的潜在不一致性。
- 分析：该平台应能提供一系列的分析，以使不同的元素可视化，如数据采集者的活动、数据库内容或信息的年代，其中数据库内容如驱动扩展或对任务进行优先级排序。这些分析对于支持和监控数据采集任务及评估存储信息的质量和完整性来说非常重要。
- 技术和标准：技术平台的评估还应涵盖为平台选择的技术和标准，以确保随着时间的推移，代码易于维护和更新，并避免绑定任何供应商。

**（3）数据访问及发布模块**

鉴于档案平台的作用是赋能其他信息与通信技术服务，该平台应当提供一系列访问渠道，至少应包含一个网站界面供人访问，一个应用程序接口供软件访问，一个潜在的开放数据出口以向政策制定者及其他利益相关者提供匿名数据和内容。根据现有的国家开放数据政策，平台还要具有在国家开放数据门户网站自动发布数据集的功能。

确切的功能集在很大程度上取决于操作设置，特别是为运行阶段选择的模型。最常见的方法包括以下要素：

- 利用智能手机进行首次数据采集的数据采集工具：为实现此目标，可通过开放数据包（Open Data Kit）[opendatakit.org]来获取免费的参考资料和开源工具。
- 作为网络平台开发的中央存储库：这部分虽然有不同的模块，但是需要整合，且没有免费的开源包。如果没有地理空间数据，可以选择开放数据包、ONA[ona.io]或KoBo工具箱[www.kobotoolbox.org]等其他工具。可以参考2017年8月提供的不同工具的比较（CartONG，2017）。如果包含地理空间数据，那可供免费参考和开源的地理信息系统是QGIS[qgis.org]。
- 信息更新服务：如前所述，这样的模块可以以不同的方式实现，例如短信息及非结构化补充服务数据业务、基于语音的服务或呼叫中心。此类服务没有参考包，需要临时开发。如果当地有大型代理网络，且配有智能手机，则应该使用与第一次采集时相同的工具。
- 农业和乡村合作技术中心发表的题为《农民注册与分析的进展》一文展示了一个具有完整架构的案例。该架构已用于非洲的多个项目（农业和乡村合作技术中心，2019）。

#### 1.2.2.5 性别维度

性别维度是农民档案项目中需要考虑的额外因素。性别有时很关键，可能会极大影响数据采集的质量和农民的贡献程度。例如，男性数据采集者采访女性农民（反之亦然）可能会影响其参与度及所提供数据的质量。在某些国家，性别因素并不是关键，但在其他国家却对数据采集构成了极大的风险。性别问题必须在不同层面加以整合，特别是以下几点：

- 数据采集者的性别和计数者使用的语言。
- 广播电台播放提高认识活动的时间和语言。
- 组织数据采集的日期和时间。

### 1.2.3 档案内容

在之前的第1.2.2节“农民档案项目的组成部分”中介绍了成功完成农民档案任务的核心要素。然而，正如之前所述，其目标并不是搭建农民档案平台，而是提供支持，使农民获取目标信息和其他服务变得容易些。农民数字档案平台可以根据被储存在每个资料的信息来提供这些服务。从这方面来说，有两点需要注意：

- 档案无法详尽无遗地获取有关农民及其农场的一切信息。一些作物需要特定的数据，例如，就可用数据和服务提供商的利益而言，畜牧业和农作物种植业存在很大差异。因此，档案内容通常以资料数据的使用方式为指导。
- 需要权衡取舍两个方面。一方面，采集大量的数据会使采集过程更长、更昂贵、更困难，也可能引起农民更多的对抗。另一方面，基本数据的采集会比较容易且不会随着时间的推移发生太多变化，但可能无法开发高级的信息服务。

基于这些要素，根据利益相关者的观点和计划，定义档案的内容是至关重要的。详尽无疑是不可能的，识别所有可能的应用程序也是不可能的[①]，但是项目能否成功依赖于引导阶段，该阶段可以展示这样的平台是如何为农民提供有用服务的，农民反过来就会更加愿意提供额外数据以获取更多服务。定义档案内容的最佳做法可以总结为以下步骤：

- 负责农民数字档案平台的组织应该确定一套他们想要实施且代表了设置基本原理的服务。
- 组织应当同其他服务相关方（如小额信贷机构）一起为每项服务（如获得信贷、贸易等）组织一场工作坊，以确定需要采集的信息集。

这个过程会比档案内容设计容易。

除档案内容外，另一个关键要素是农民的身份。农民数字档案平台存储了大量的资料，因此，了解如何检索附加到农民的特定记录非常重要。一些国家实施了个人身份识别计划，如欧洲国家的身份证和印度的Aadhaar

① 有关应用程序种类的更多细节参见第1.1节“农业数据”。

系统。这些计划可以很容易地用作档案数据库中的索引。然而，大多数发展中国家并没有可靠的身份证号或其他特别的标识符来识别特定的农民。在这种情况下，了解能够唯一标识一个人的信息元素是至关重要的。在一些国家，姓和名不是可靠的标识符，农场地址也不是。指纹等生物测定的方式较难实施且存在除成本维度以外的其他挑战。标识符通常需要一系列有助于识别个人的要素，如姓名、与特定兴趣点相关的地址（学校、保健中心等）、电话号码。请注意，图片可能是证实档案信息的有用要素，但是无法作为搜索标准。

为避免出现重复记录或在多份记录中出现信息割裂的现象，识别过程的设计是设置前期需要探索的极为重要的部分。在缺少稳健的识别计划时，必须考虑不同的用法：在面对面互动中，确定个人身份并更新资料；在无法面对面互动确定个人身份时，可通过电话或者非结构化补充服务数据业务等服务，在这种情况下，技术发挥了重要作用，如使用的技术是否允许获取全球定位系统坐标。

档案对农民来说是非常有价值的信息，每份档案记录着农民的个人数据。除了由组织提供的建立农民数字档案平台服务以外，农民可能还想将自己的资料信息用于其他目的。同时，能否看到资料信息取决于组织和农民之间的信任因素。因此，强烈建议设计纸质版的资料并将其交付给每个农民。例如，伊加拉种植者茶厂（乌干达）在其档案计划中就向农民提供了此类档案（Brussels Briefings，2018b）。

### 1.2.4 农民数字档案平台商业模式

农民数字档案平台的可持续性是该项目早期需要考虑的重要因素。作为商业模式的一部分，有以下三个要素需要考虑：

- 平台发展和运营的商业模式：想要建立农民数字档案平台的组织者是否会承担平台开发、运营成本并领取所有收入？是否应该采用公私伙伴关系模式？
- 收入流：谁是农民数字档案平台的潜在客户？
- 运营成本：是否有经常性成本？运营成本取决于选取的数据采集及更新的模式。不同成本要素至少包括：农民数字档案平台的托管；更新服务的托管；不同利益相关者的激励措施，如农民、更新资料信息的中介等；设备的折旧与更新；不同利益相关者的沟通成本；负责监管平台的员工。

#### 1.2.4.1 公私伙伴关系与组织自有平台

公私伙伴关系在广义上是指需要投资的（公共）实体不支付投资费用，

而是向进行投资的（私人）实体每年支付一笔费用，或允许其从投资中获得收入。公私伙伴关系模式与组织自有模式的选择应该在对每个选项进行仔细评估后决定。推动选择适当模式的因素有：

- 资金：模式选择通常取决于可用资金。如果开发伙伴拥有可用的特定资金，那这种投资不适合公私伙伴关系模式。相反，如果平台的特定资金不够，那么考虑到需要投资的规模，公私伙伴关系模式通常是唯一的选择。
- 运营成本、投资成本与潜在收入流：模式的选择应该受到运营成本、投资成本和潜在收入流的影响，必须平衡所有这些要素以评估最佳选择。这些因素应仅在需求阶段结束时，根据实际成本与非财务激励措施进行评估。
- 功能演变：在公私伙伴关系模式中，软件是私营部门合作伙伴的财产，因此，功能演变不在负责农民数字档案平台组织的权力范围内。每次扩展都需要特定的讨论。在这两种情况下，组织可能需为任何扩展买单，但在公私伙伴关系的选择下，将只有一个可能的提供商。在这方面，公私伙伴关系模式提供的自由度更小，也可能更贵。
- 数据治理：治理问题包括数据所有权及访问权。在农民数字档案平台，采集的数据可以货币化。同时，还应当考虑个人数据的保护。
- 技术能力：公私伙伴关系模式在技术平台中的关键优势之一是平台是由私营部门运营和维护的，不需要技术专长或将所有权转让给不知是否有所需能力的信息技术团队。

这种选择实际上并不是公私伙伴关系模式与组织自有模式的二元选择，还应当考虑混合模式。技术平台典型的混合模式是组织支付开发费用，拥有平台、数据和收入，但将运营外包。如果负责的组织没有员工或能力管理平台，可以选择这种模式。

1.2.4.2　收入流

通过农民数字档案平台可以设计不同的产品并获得收入。表1-2概述了农业部门主要参与者的需要、要求和潜在用途。

表1-2　农业领域参与者与要求概述

| 潜在客户 | 数据需求示例 | 档案平台中的可用数据 | 客户访问档案平台的可能性 | 潜在客户对于档案平台的需求 | 潜在客户基于档案数据的活动 |
|---|---|---|---|---|---|
| 非政府组织及其捐赠伙伴 | 支持项目或干预设计的绩效数据；支持宣传和外联活动的联系资料 | 是 | 可能 | 数据质量、及时性和完整性[①]；数据访问的中立性[②]；符合开放数据和隐私原则的个人数据；负担能力[③]；实时网络和应用程序接口访问 | 定义项目干预措施（社区、地理环境、目标等）；支持项目活动（交流、受益人的支持、监控和评估） |
| 金融机构 | 没有银行账户的农民的数据；由于资金限制无法购买投入品的农民的数据；用于设计特定农业金融产品、信贷服务的金融（资产）和绩效（产量）数据 | 大多数 | 可能 | 数据质量、及时性和完整性；数据访问的中立性；个人数据；负担能力；实时网络和应用程序接口访问 | 为信用评分引擎提供数据；设计新的金融产品；进行市场分析；有针对性的广告 |
| 保险公司 | 用于设计特定农业保险产品的绩效（产量）和环境数据 | 是 | 可能 | 数据质量、及时性和完整性；地理位置数据[④]；数据访问的中立性；负担能力；实时网络和应用程序接口访问 | 以更低的成本实施新保险产品；市场研究；产品设计；有针对性的广告 |
| 食品加工和出口商 | 用于计划和保证质量的认证数据、产量数据、价格数据 | 部分 | 不太可能 | 数据质量、及时性和完整性；数据访问的中立性；负担能力；实时网络和应用程序接口访问；特定的数据需求[⑤] | 识别新的生产机会；发展农业食品供给链 |
| 农业产品经销商 | 为农民提供特定产品和服务的作物数据、土地数据、害虫数据、投入数据等 | 大多数 | 可能 | 数据质量、及时性和完整性；数据访问的中立性；负担能力；实时网络和应用程序接口访问 | 市场研究；设计新产品；有针对性的广告 |
| 研究者 | 支持科学研究的实验数据；设计创新农产品以支持知识经济转型的数据 | 大多数 | 可能 | 数据质量、及时性和完整性；开放数据[⑥] | 研究计划和分析；复制；定量调查；模型；研究发展规划；开发技术雏形 |

（续）

| 潜在客户 | 数据需求示例 | 档案平台中的可用数据 | 客户访问档案平台的可能性 | 潜在客户对于档案平台的需求 | 潜在客户基于档案数据的活动 |
|---|---|---|---|---|---|
| 农业科技初创公司 | 完善特定活动（如无人机测绘、物联网/传感器、工具、贷款）的资料信息 | 大多数 | 可能 | 数据质量、及时性和完整性；数据访问的中立性；负担能力；实时网络和应用程序接口访问 | 市场研究；产品设计和部署；有针对性的广告 |

注：①数据采集和验证链应该是透明的，并在资料中添加各种信任元素，如更新的时间、随着时间推移资料的演变、更新资料的运营者姓名、资料更新位置的全球定位系统坐标。

②数据提供者应该是中立方，不带有任何偏见，不向特定方提供优先访问权。

③“负担能力”的概念很难定义，因为负担能力不仅是指潜在客户的支付能力，也指附加在产品上的价值和提供给他们的服务。在采访过程中，受访者无法说明他们准备为数据支付多少费用，因为他们不确定哪个数据是可用的及其是否准确可靠。大多数组织通过自己的或其他现有的系统可以访问一些数据，如从金融机构的信贷资料部门（Credit Reference Bureau）访问信用信息，但他们无法评估新方法如何帮他们减轻工作并增加机会。

④目前农业保险的发展趋势是天气保险，这需要由掌握确切耕地信息的农民或合作社来申请保险。

⑤每个价值链都有特定的数据需求，具体取决于商品类型，因此农民档案需要收录自定义价值链的特定数据。例如，清洗站的高度在咖啡价值链中是一个重要的数据点，而在其他价值链中也是有意义的。

⑥农业研究者通常对个人数据不感兴趣，而对用于分析和发布的匿名开放数据更感兴趣。

# 2

# 数据共享原则

## 2.1 什么是共享和开放数据

本节旨在向读者介绍共享数据的原则、数据开放的原因及益处。虽然全书都在关注可共享的结构化数据，但本节特别关注了共享和开放数据之间的联系。

第1.1节“农业数据”解释了从全球层面来看，农民获得更多数据有助于加强推广、贸易和金融服务，从而提高产量和收入。信息与通信技术的使用可以比以前更好地预测未来，或者根据数据更快地回答看似复杂的问题。这些问题可能有：我们的食物从哪里来？我们能否管理农场的风险并采取防治干旱或害虫的措施？我们能否预测诸如洪水或低产的问题？我们能否在种植什么品种、使用什么处理方法及何时种植、处理或收获方面做出明智的决定？今天的技术使我们能够提供相关服务来应对这些问题，但只有使用数据才有机会这么做。

开放数据的概念已经存在多年。当下大量数据产生于公共部门，如土壤调查、品种登记、农药残留、医疗保健、国防工业、基础设施、公共教育和电信。请参阅第1.1节“农业数据”中介绍的数据集类别，包括可在公共门户网站上访问的个人数据集。2009年，包括加拿大、英国和美国在内的多国政府发起了开放其公共信息的开放政府倡议。

除了普遍要求开放的公共数据外，私营部门的数据对于决策来说也变得愈发重要。虽然完全开放这些数据并不总是可行的，但即使是在不同的访问条件下，开放数据的诸多原则（可访问、可重用、互操作性）也适用于私营部门的数据共享。

在农民、研究人员、推广专家、决策者、政府、国际机构及其他参与“创新体系”和价值链的私营部门和民间社会利益相关者推动下，通过开放访问获取的研究成果和共享数据成为保障粮食安全和营养的重要资源。缺乏开放数据相关的体制、国家和国际政策，限制了研究和创新过程中农业和营养数据的有效性。要使价值链中的开放数据和数据交换在农业中发挥作用，就需要一份共同的议程来增加数据的供给、质量和互操作性，同时采取行动，提升所有利益相关者使用数据的能力。

从健康工作者使用的移动技术到政府部门发布的公开数据，数据变得越来越有价值，农业领域基于这些数据制定农业业务发展方向和全球粮食政策。但存在着严重的资源不平等：最大的农业公司每年赚取数十亿美元，相比之下，自给自足的农民种植的作物仅够养活自己，小农户种植的作物仅够逐年出售（Ferris和Rahman，2016a）。

可用数据的稀缺使我们无法辨认并了解全球和国家层面真正的发展情况，还掩盖了国家内部的不平等，使各国政府更不易察觉该情况，或让他人更难追究政府的全部责任（国际食物政策研究所，2016）。国家平均水平不足以看出谁落后了，营养水平即便在家庭内部也参差不齐。因此，应该积极使用数据，做出更好的选择，为家庭层面和政策层面提供信息、支持决策。

### 2.1.1 共享和开放数据的概念

数据存在于一个频谱上，它可以是封闭的、共享的或开放的。出于安全、个人或者商业原因，数据集可能包含敏感信息。例如，健康记录可能包含敏感信息，引发私人问题。基于上述原因，数据可能被封闭或只向有限的个人或团队共享，而非允许任何人访问、使用或共享。图2-1中的数据频谱是由开放数据研究所（The Open Data Institute，ODI）开发的，说明了数据的开放程度并帮助理解数据语言（开放数据研究所，2019a）。数据无需被标识为“开放数据”，就可以在封闭或部分封闭的群组内甚至在网络上公开共享，使其可共享的是数据的结构和机器的可读性。

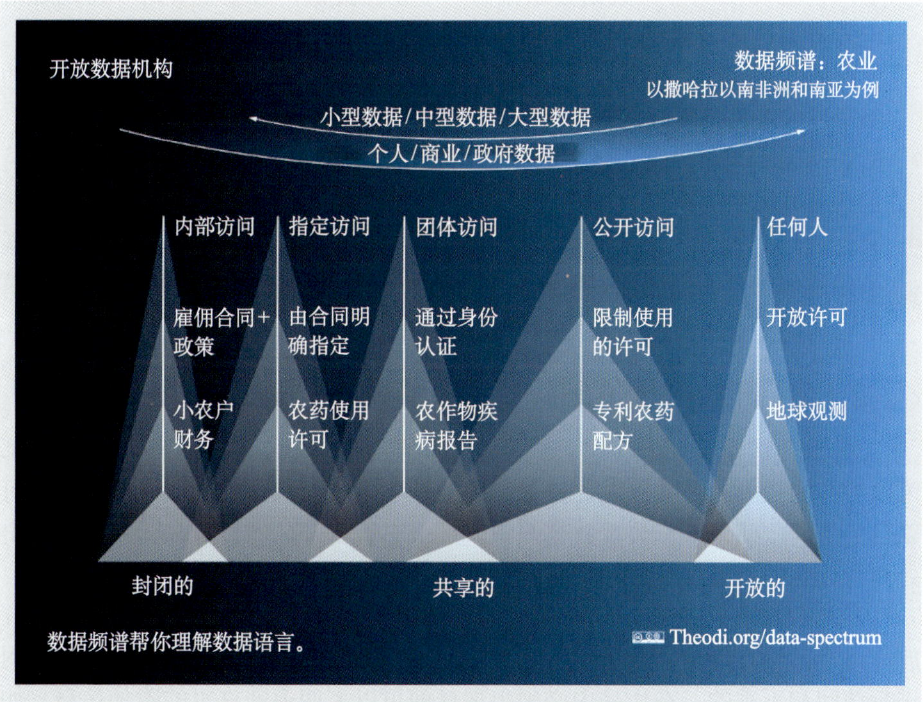


图2-1 开放数据研究所的数据频谱：农业

资料来源：开放数据研究所，2019a。

数据开放的重要因素是如何获得授权。因为数据如果被认为是开放的，就必须满足以下条件：

- 可访问，通常意味着在网络上发布。
- 以机器可读格式提供。
- 允许任何人以商业或非商业方式访问、使用和共享的许可。

许多个人和组织为了执行任务采集了各种不同类型的数据。政府在这方面显得尤为重要，既因为其采集数据的数量和中心性，也因为大多数政府数据是符合法律规定的公共数据，因此，可以公开并提供给他人使用（公开知识基金会，2020a）。

政府大力倡导开放数据运动，让他人可以从数据中受益并满足其希望数据透明的意愿，而研究机构和私营部门也生成了他们愿意作为公共利益而共享的数据（Gray，2014）。

开放数据在《开放数据手册》（*Open Data Handbook*，2020）中被定义为“任何人可以自由使用、重复使用（修改）和重新发布（共享）的数据”。《开放数据手册》强调了开放数据定义的重要性并强调了以下关键特征：

- **可用性和可访问性：** 数据必须作为一个整体提供，且复制费用不得超过合理的费用，最好通过互联网下载。数据还必须以方便和可更改的形式提供。就所需的时间和资源而言，管理数据的成本可能很高。关于数据管理成本的例子可以参见英国数据服务（UK Data Service，2020）。
- **重复使用和重新分配：** 数据必须按照允许重复使用和重新分配的条件提供，包括与其他数据集混合。
- **普遍参与：** 每个人都必须能够使用、重复使用和重新分配数据，不应歧视某些领域、个人或团体。例如，不允许出现阻碍“商业”使用的“非商业”限制或出于特定目的的使用限制（如仅用于教育）。

### 2.1.2　开放数据原则

“开放”的定义明确了“开放”在知识层面的含义，促成了一个任何人都可以参与的强大的公共领域，并最大限度地实现了互操作性。如果任何人都可以自由访问、使用、修改及共享知识，那么它就是开放的，最多受制于保护出处和开放性的措施（开放知识基金会，2020b）。

开放数据必须遵守开放许可或开放状态的要求，必须在公开领域或在开放许可下。没有许可，数据就不能重复使用。开放数据必须是可以通过互联网进行访问和下载的。在作品中必须出现任何可以表明遵守许可的附加信息，如说明数据的归属性，即使用数据的人必须注明数据的发布者或类似共享的要求，将数据与其他数据混合的人必须以开放数据的形式发布结果。

开放数据必须是机器可读的形式，可由计算机处理，且易于访问和修改作品中的各个元素。它也必须是开放形式，在使用时不受金钱或其他方面的限制，并且可以借助一个免费、自由或开放源代码的软件工具得到充分处理。

用于开放数据的许可应该与其他开放许可是兼容的，并且应该允许免费使用、重新发布、创建衍生品、编纂许可作品。许可必须允许作品的任何部分都可以免费使用、发布或修改，与作品的任何其他部分或最初发布的任何作品集合分开。许可不得歧视任何个人或群体。

《开放数据宪章》（*Open Data Charter*）是2015年由70多个政府合作制定的，它就政府应该如何公布信息达成了6项原则。该宪章还在其网站上提供了实现这些原则的详细行动项目。下面将对每一个原则进行简要解释。

- 默认开放：免费访问和使用由国家、地方政府、国际政府机构及更广泛的公共部门类型机构持有的政府数据，给社会和经济带来了重要的价值，因此，政府数据应该默认开放。只要公民确信开放数据不会损害他们的隐私权，就应在全球范围内开发、采用和推广用于创建、使用、交换和协调开放数据的资源、标准和政策。
- 及时性和全面性：发布和公开数据需要时间、人力和技术资源。通过咨询数据用户来确定优先发布的数据是至关重要的。数据必须是全面的、准确的、高质量的。
- 访问性和可用性：开放数据使利益相关者可以做出明智的决策。数据应当易于发现和访问，并且可以无障碍地使用。
- 可比性和可操作性：数据应以结构化和标准化格式发布，以支持互操作性、可追溯性及重用性。为了使数据有效和有用，它也应当易于在部门内部和部门之间、跨越地理位置和时间进行比较。
- 改善治理和公民参与：开放数据加强了治理，为改善决策和土地市场运作方式提供了透明和负责的基础。开放数据使公民参与成为可能，并使政府与公民在知情的情况下更好地互动。
- 包容性发展和创新：开放激发创造力和创新。开放数据本质上为所有人提供了公平合理的资源，无论他们来自哪里或他们是谁，并且提供了一个数字化程度较低的环境来访问和使用数据。

### 2.1.3 共享和开放数据的好处

开放数据的益处颇多，从公共管理效率的提高、私营部门经济的增长到更广泛的社会福利和公民赋权。

开放数据可以提高绩效并有助于提高健康和营养方面公共服务的效率。

由于跨部门数据的共享，公共服务的流程和交付效率得到了提高，例如，提供非必要支出的概况。地方层面的分散数据显示了需求最大的区域和人口，因此，资源可以得到更好地定向分配。

经济因更易获取信息、内容和知识而获益，反过来又贡献于创新服务的发展和新商业模式的创造。

当社会受益于更加透明和更易访问的信息时，社会福利就会得到改善。开放数据促进了合作、参与和社会创新（《什么是开放数据》，2020）。

提供详细的开放数据是促进地方层面服务交付的关键。例如，mySociety [mysociety.org]、匈牙利的“知情权”门户网站、挪威的Fix my Street [Fixmystreet.com]。为了支持新的数据驱动业务的兴起和现有业务的增长，政府需要发布关键数据集。通过发展经济、改善业务，开放数据使政府可以在关键领域节省开支，例如，医疗保健、教育和公共事业。在英国，开放数据在健康服务方面节省了2亿英镑。在法国，能源数据被用于推动更高效的能源生产实践（开放数据研究所，2019b）。

全球农业和营养开放数据在报告《我们如何能够通过开放数据改善农业、食品和营养？》中具体说明了三种关于开放数据帮助农业和营养部门解决实际问题的方法（Carolan等，2015）。

- **使决策更加高效和有效。**开放数据使计算机可以从各种来源提取数据并进行处理。它不依赖人类去解释和整合页面中所包含的信息。开放数据通过提供来源广泛的信息来支持新产品和新服务，帮助从政策制定者到小农户的每个人发现市场差距、微调他们的产品或服务。第1章中对渔业进行描述的部分提供了范例，如Abalobi计划。
- **鼓励普惠所有人的创新。**作为创建工具、服务、见解和应用程序的原材料，开放数据使创新变得便宜且容易。当数据开放给所有人进行试验时，就无需投入大量资金重复已经完成的试验。当数据得到公开许可时，它也允许和其他数据进行全新的组合以获得新的见解。一个典型案例来自英国阿灵顿的安德鲁（Andrew），他利用数据在土地上实施精准农业策略。他和家人一起在耕地和奶牛场工作，通过使用新工具和新技术，能够轻松查看由欧洲航天局开放的关于其土地的卫星数据。他的故事可以在全球农业和营养开放数据纪录片网络系列（GODAN Secretariat，2017a）的开放领空（Open Skies）视频中看到。
- **通过透明度推动组织和部门变革。**例如，目标、补贴分配和定价的透明度创造了影响生产者、监管者和消费者行为的激励措施。通过要求公司、政府部门和其他组织公布关键数据集（例如绩效数据、支出数据和供应链数据），政府、监管者和公司可以跟踪调查、分析和响应该行业的趋势。

更为重要的是，跨部门公布这些数据可以最终改变产品和服务的交付方式。我们在这里也可以参考上述的相同案例，开放水域（Open Water）视频中的Abalobi渔民使用关于小规模渔业的渔民实践数据来做出明智的决定。

为农民提供更加准确、更易访问和更及时的从大型农业团体到个体小农户的信息，将有助于确保未来粮食商品市场的良好运转。为个体小农户、企业和政策制定者等提供更加准确和及时的信息，将在很大程度上推动进步。开放数据也可以是解决方案的一部分。开放数据提高了整个行业的透明度，从而加快进展、确定需要改进的领域并帮助创造新见解（Carolan等，2015）。

印度的Agmarknet[agmarknet.gov.in]是一个典型的案例，它向农民、贸易商、政策制定者和其他利益相关者提供了2 700多个数据源的市场信息，以便做出更好的生产和营销决策。哥伦比亚水稻生产者联盟保留了历史数据集并帮助中小型农民衡量与本国水稻种植相关的气候、产量和耕作方式。可以在开放气候（Open Climate）视频中看到布兰卡（Blanca）的故事，她借助早期预警系统和天气数据在伊瓦格镇外经营着自己的农场，这也是全球农业和营养开放数据纪录片网络系列（GODAN Secretariat，2017b）的一部分。

### 2.1.4 开放数据充当变革推动者

开放数据扮演着变革推动者的角色，因为实施开放数据计划通常涉及文化和制度变革。开放数据不仅是在开放许可下将数据放在网站上。技术的应用要相对容易，而文化变革相对较难（欧洲委员会，2020），且需要与机构内部的潜在数据用户及外部的利益相关者进行商议。

私营部门的数据共享项目也是如此，这些项目可能不会采用完全开放数据的方式，但仍然需要改变其对数据的态度，并与其他参与者合作，以实现数据的重用。

然而，变革的困难并没有阻止越来越多的数据变得公开可用。但在数据管理、许可、互操作性和开发方面仍然面临着挑战。有必要就封闭、共享和开放数据来逐渐演变政策、实践和道德规范。

开放农业数据涉及的挑战，最好在具体领域的特定问题的层面上加以解决，在这个层面上可以确定或制定标准，并将数据发布作为解决问题的一部分。当倡导者可以指出明确的变革理论时更是如此。全球农业和营养开放数据谨慎地解决了这个问题并制定了五个战略步骤（Carolan等，2015），以寻求专注于解决农业和营养问题的开放数据计划：

- 与日益增长的开放数据社区合作，包括关键问题的负责人、全球农业和营养开放数据专家，以确定开放数据可以帮助解决的挑战。

- 建立开放数据战略和项目，重点寻求土地使用权、农业和营养问题的解决方案。
- 在相关组织和网络中构建开放数据的基础设施、资产和能力。
- 使用开放数据并支持相关数据的用户。
- 通过持续的评估、反思和分享来学习，以确保我们都能继续改善做法。

## 2.2 小农户在数据价值方面面临的挑战

本节内容旨在让服务提供商和农民组织意识到小农户在不同价值链的数据流中面临的挑战和风险，例如，精准农业或任何需要对其进行资料分析的参与者（如农民组织或政府）。

理解这些挑战对于创建服务和商定满足农民需求并解决其担忧的商业模式来说至关重要。

对于小农户来说，有两个主要的挑战：第一，获取相关的、可用的数据和服务；第二，确保他们分享的数据不仅不会削弱他们在价值链的地位，而且在理想情况下，还能受益。在这两个数据共享方向上，小农户与价值链中其他参与者的大数据不对称。本节说明了这些数据不对称及相关的道德、法律和政策问题。

图2-2说明了来自和流向农场的不同数据流（第四个数据流，完全是非农场的，与此主题无关）及农民面临的相关类型的挑战（Maru等，2018）。

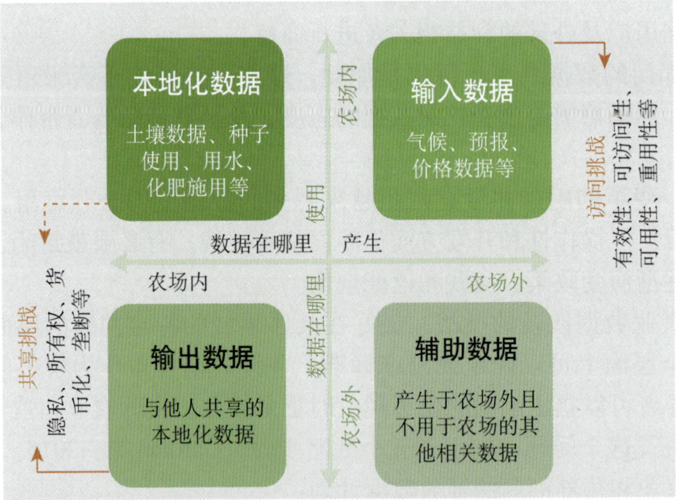


图2-2　来自和流向农场的数据流

资料来源：Maru等，2018。

### 2.2.1 数据不对称和权力不平衡

本书所描述的数据挑战可能一直存在：农民总是需要为决策找到好的信息来源，他们总是分享关于自己农场的信息以获得建议，同时努力不失去任何竞争优势。然而，近些年，这些挑战被放大了，因为新技术使收集和处理数据的数量大大增加、速度大大提高，信息和通信技术产生了许多数据流和转换，使跟踪数据和保护数据权利变得困难。除了数据流的挑战，一些社会经济因素也增加了其复杂性：这些技术的所有权和管理及相关数据量与已经存在于价值链中的权力动态是相关的。这种权力动态在世界上各个地区是不同的，取决于决定价值链结构的经济和政治条件。然而，随着市场经济和类似自由主义的政策被广泛采用，世界范围内往往会出现类似的趋势。权力失衡在绝大多数农场为小型家庭农场且价值链中其他参与者较强的地区尤其严重，例如，农场上游的参与者（资源提供商、技术提供商）或农场下游的参与者（加工商、分销商、零售商）多集中于大公司，通常是跨国公司。集中意味着较少的竞争和更多的议价能力。此外，“垂直整合”的现象日益增多，通过这种方式，大公司整合了供应链和价值链中的其他环节，因此，在某些情况下，如果生产本身没有整合好，大公司就既成为了农民的供应商，也成为了农民的买家，例如合同农业。垂直整合减少了对其他参与者的依赖，提高了议价能力，并对整个价值链有了更好的了解。

数字技术和相关数据服务在这些动态中发挥着重要作用的原因是，它们现在主要由大公司集中或垂直整合管理，这些公司向议价能力较弱的农民出售这些技术，使数据不对称加剧了业已存在的价值链差异。除了数据、软件和设备由技术提供者管理之外，小农户不具备操作设备和基础设施的技能，也不具备收集、管理和在知情的情况下访问其数据的能力。

数据不对称意味着在获取数据和知识方面存在差异，每个参与者共享数据的数量及其对其他参与者数据依赖程度也存在差异。农民与不同价值链（供应链、农民组织、金融机构、政府补贴计划的数据采集等）中的不同参与者共享了大量有价值的数据，却往往很少有机会获得其他有价值的数据和知识，甚至是其自己数据汇总后产生的知识。同时，他们的数据与价值链中的其他数据汇总、结合后为数据采集者的决策提供了宝贵的知识和见解，并能够满足其他参与者的需求、影响价值链的重要方面，例如种子市场、一般价格（包括价格歧视）、供应链中断等。

### 2.2.2 农场数据共享的挑战

农民与不同数据价值链中的其他参与者共享了大量有价值的数据，例如为精准农业决策支持系统与技术提供商共享数据、为供应链的数据交换与供应商和分销商共享数据、为注册和提供服务与农民协会共享数据、为财务评估与银行共享数据、为补贴资格及合规性与政府共享数据等。图2-3提供了数据流的概况，虚线表示特定的数据流还不常见，但正在试验中。

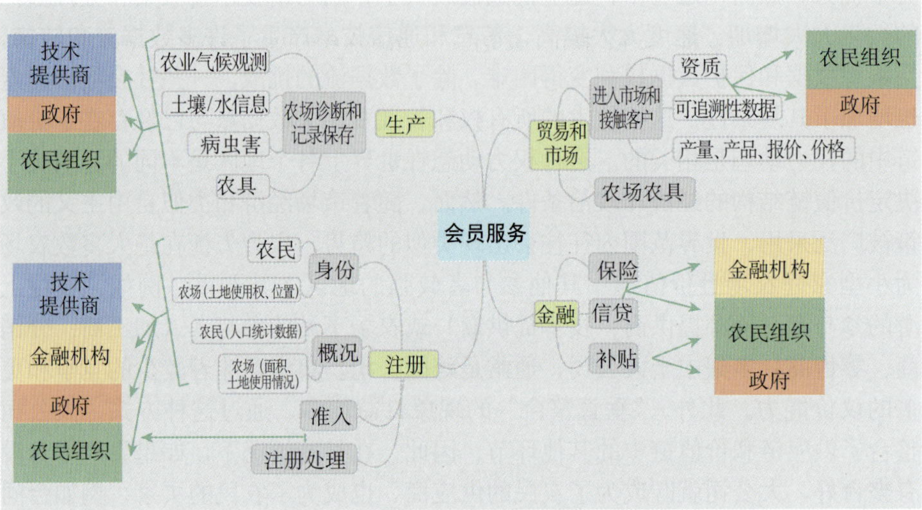


图2-3　与其他参与者共享的农场数据

资料来源：农业和乡村合作技术中心，2019。

这种数据共享通常通过数字技术得到管理。新的数字技术（例如传感器、无人机和一般的物联网或区块链）创建了从农民到数据采集者的自动的数据流动，农民对其几乎没有控制权。此外，这些流动的设计在合同中没有明确解释，且合同通常是不可协商的。基于此，农民在使用无人机或传感器等技术时通常都十分谨慎，因为这些技术的数据由技术提供商控制。

表2-1总结了共享农场数据带来的挑战，并进行了更深入地分析。

#### 2.2.2.1　法律不确定性及不公平的数据操作

关于敏感数据，除了通常情况下被法律保护的个人数据，其他由农民共享的数据类型也是有敏感属性的，如有关特定农业技术的机密数据。除了精准农业的设备可以揭示有关耕作条件和技术的细节以及其他潜在的敏感商业数据之外，还有其他参与者采集的数据，特别是政府，例如农业普查、卫星数据和一般的地理空间数据。结合所有这些数据，可以推断出许多关于农场及其活动的信息。

目前还没有法律保护这类非个人的敏感数据，除非它们被归为商业秘密，在这种情况下它们不应该被共享。

表 2-1 通过价值链共享农场数据的挑战

| 挑战 | 与农民的具体关联 | |
|---|---|---|
| 不公平的数据操作风险 | • 通过数字技术收集的数据所有权和这些数据相关权利的不确定性<br>• 缺乏对非个人敏感数据的法律保护<br>• 数据隐私、安全、操作、真实性、验证、责任等问题<br>• 缺少农民的知晓和同意<br>• 货币化（例如，价值链的参与者为了商业目的重用所获得的数据）<br>• 缺少清晰的信息与通信新技术的法律框架，特别是区块链和物联网 | • 在大多数情况下，农民是数据的主要发起者和主体，因此最容易受到数据权利不确定性、数据操纵、真实性和责任的影响<br>• 农民在合同中处于弱势地位，通常注意不到对数据的重用<br>• 农民是产生大部分数据的参与者且获利最少，而农场数据很容易被其他参与者货币化 |
| 数据权力失衡的风险 | • 不公平竞争：数据给予一些参与者更多的知识和出售定制服务的特权地位、绑定的风险 | • 处于农民上下游的参与者对市场和农民需求有更多的了解，可以向农民出售定制的技术和产品，并有可能绑定他们 |
| 加剧数字与社会经济鸿沟的风险 | • 弱势参与者数据过度透明的风险<br>• 数据价值链不平衡且对外部数据共享的依赖程度不同<br>• 权力集中的风险：<br>○ 基础设施的成本（如电信、安全协议、"账本"、云等）：重大参与者和先行者面临自然垄断的风险<br>○ 可能存在的不公平交易行为，如绑定、价格歧视、隐藏有偏见决策的不透明算法和绑定机制 | • 处于农民上下游的参与者对市场和农民需求有更多的了解，可以向农民出售定制的技术和产品，并有可能绑定他们<br>• 过度透明（德国农业协会，2018）指农民向政府共享了过多且并不总是合理的数据量，但它也适用于价值链其他部分的透明度<br>• 大型跨国财团和农业价值链的垂直部分是自给自足的数据，不需要共享<br>• 谈判中处于弱势地位的农民<br>• 对于小农户来说过于昂贵的技术<br>• 不透明（有偏见）的算法可能会剥夺农民的所有决策权（农民知识的贬值和损失）<br>• 侵犯农民和原住民权利的风险，如传统知识、本土种子等 |

资料来源：Pesce，2019。由作者修改。

#### 2.2.2.2 所有权、访问权和控制权

**（1）所有权**

通常认为农场数据属于农民，有时甚至会在合同中注明。然而，“所有权”是一种法律主张，除了作为知识产品的数据集的版权外，数据所有权不受法律约束。这在一定程度上是因为数据与其他可拥有的商品相比具有特殊的性质。在法律术语中，它是非竞争性的：相同的数据可以处于不同的地方，由不同的人拥有，因为当数据被复制或转移到其他平台时，它仍然是相同的。此外，在结构化数据集中采集的数据与原始数据之间存在差异，前者被法律视为一种智力产品，而后者在采集和理解之前则是单独的、非结构化的。这些原始

数据类似于事实，在法律上没有任何版权和所有权。

因此，所有权的概念并不严格适用于农场数据。除了原始数据的概念在一般情况下不具有法律适用性外，机器生成的农场数据也显示了额外的复杂性：(a) 数据是在农场生成的，也是关于农场的数据，但是因为数据是在没有农民干预的情况下由机器生成的，因此，农民不被视为数据生成者或采集者；(b) 它是原始数据，不是智力产品，但随后被传输和处理，并与其他数据结合汇总成为数据集，而数据集是智力产品，因此是可以被拥有的。

下面是使用所有权概念时所遇到的其他困难：

- 根据数据的产生类型，某类数据的所有权可能归属于其他所有权，并优先于任何“所有权”的合同声明，包括“数据集”框架下的版权或数据库权利、个人数据所有权、财产权、商业秘密和专利权（de Beer，2017）。版权和数据库权利通常适用于汇总数据，从技术上来说，这些数据属于负责采集和处理它的公司（Ferris和Rahman，2016 b；Rasmussen，2016）。
- 在需要数据共享、数据转换和汇总的农场数据价值链中，关注传统的所有权概念可能会适得其反，并限制数据的流动。
- 当农民和土地所有者不是同一个人时，农场数据的所有权应该归属于谁并不明显。

这并不意味着未来没有新的法律来解决数据所有权方面的所有困难，特别是原始数据和机器生成数据。但同时，“围绕农业数据所有权的法律和监管框架仍然是零散的和临时的”（Townsend等，2019）。

第2.3节“农业价值链中负责任的数据共享”解释了当前对农业数据所有权的主流态度遵循的是承认农场数据“归属”于农民，或稍后说明的欧洲联盟（EU，以下简称“欧盟”）行为准则中的“数据发起者”。

**（2）访问权**

在缺乏农场数据所有权的法律框架的情况下，考虑到上述困难，众多专家一致认为，明确对后续处理数据版本的访问权和控制权更加重要（Sanderson，Wiseman和Poncini，2018）。在某种程度上，如果所有权不能合法主张，则可以通过定义所有权的其他关键方面，如控制权和访问权，“通过代理”得到归属。

访问权，即在任何阶段“看到”和检索数据的权利，是由其他参与者采集和处理的数据。例如，通过物联网设备采集数据，制造商可能会、也可能不会授予对象用户数据访问权和重用权。使用无人机从其农田获取图像和数据的农民，可能只有权使用无人机软件，而无权真正“看到”或存储基础数据。通常情况下，一旦汇总数据并进入进一步的重用阶段，农民就无法再检索数据（Kritikos，2017）。

(3) 控制权

控制权指决定共享权和进一步重用数据的权利。关于数据的进一步再利用，根据个人数据保护法，通常适用的是目的限制原则，即不得再用于权利人最初同意的目的以外的目的，这一原则有时也适用于非个人数据。

但在数字农业数据管理中，其实施难度较大，需要对数据进行转换，并与其他数据结合才能为决策提供帮助。例如，如果农民同意公司将土壤、作物生长和虫害的农场数据与其他农民的数据结合使用，为该公司提供反馈生产建议，那在某一时刻，公司如果想要与投入品供应商分享这些数据以获得有关化肥和杀虫剂的建议，公司应该再次就新数据共享的目的征求农民同意。因为除了有关个人数据的权利外，没有这些权利的法律框架，在实践中，目前对权利的定义是出现在合同中的。合同通常承认农民拥有数据的“所有权”，但没有明确规定具体的访问权和控制权：由于法律没有定义数据所有权，在没有访问权和控制权的合同中承认所有权并不能保证任何权利的可执行性。

据观察，将合同视为工具并不是理想的解决方案：一方面，合同法在国际上没有得到协调；另一方面，对于议价能力较弱的利益相关者来说，合同谈判可能不是一个合适的解决方案（de Beer，2017）。但是，如果农民进行集体谈判或如果合同基于强烈认可的行为准则，合同就可能会奏效。

2.2.2.3　数据可移植性和互操作性

访问权和控制权的一个重要方面是与其他参与者再次交换相同数据的权利。例如，使用精准农业设备收集土壤特性、灌溉、天气和作物健康数据的农民可能希望与保险公司共享这些数据以协商更好的保费，或与银行共享数据以证明其业务的可行性。精准农业系统并不总是允许为了进一步共享而将信息重新打包。

重用和重新交换数据权利的一个更具体和更具技术性的方面是数据可移植性的技术实现，即将数据从一个系统/提供商移植到另一个系统/提供商的能力。如果没有这一特点，就很难自由地更换提供商，这再次削弱了农民的议价能力，且总体上限制了公平竞争。虽然这项权利通常适用于个人数据，但并不一定适用于非个人数据。

数据可移植性的问题还与农具和拖拉机之间的互操作性及它们产生的数据有关，这些数据通常只能与同一品牌的其他机器兼容。除了可移植权本身之外，整个价值链的农业设备和软件系统之间互操作性的缺乏也导致农民被锁定在一个技术解决方案中。虽然互操作性标准是存在的，但它们并没有合法地实施。

2.2.2.4　责任、真实性

随着数据被机器采集和大量传输并用于整个价值链的决策，一个错误、传输不正确或被故意操纵的数据，就有可能会产生灾难性的多米诺骨牌效应

(Van derWees等，2017)。确实，这些风险实际上可以通过数据驱动技术本身来缓解，例如，传感器和无人机采集的数据比人工采集的数据更准确、更可靠，区块链技术可以确保数据在后续交易中不被操纵。然而，物联网设备采集的数据的法律价值并没有得到普遍接受，法律尚无明确规定错误的物联网行为造成损害的责任问题。

农民可能要考虑的一个方面是仍然不稳定的法律框架，更重要的是合同条款中关于数字技术在其农场产生的数据或汇总数据集中数据的潜在责任。

#### 2.2.2.5 货币化

数据货币化是指农场数据一旦汇总，在出售或付费服务中重复使用后，为数据处理者产生的利润。例如，精准农业提供商将农场土壤、作物生长和作物病虫害的汇总数据出售给农业投入品供应商，后者就能够销售量身定制的化肥和杀虫剂。

货币化不是被禁止的。然而，应当考虑一下合同中可能涉及的几个方面：

- 如果合同包含了目的限制条款，例如，数据不能用于与最初商定的目的不同的目的，且未就货币化达成一致，理论上来说，在未再次征求农民同意的情况下，数据不能货币化。
- 人们经常声称，任何由农民贡献的数据产生的经济利益都应该与农民共享，或者农民应该以某种方式受益。然而，尽管有些美国和加拿大的平台让农民分享和出售其数据的前期案例，但这一尝试迄今尚未成功。主要的困难在于开放数据研究所关于个人数据的推论（Tennison和Scott，2018）：(a) 尽管来自所有农民的所有农场数据的总价值很高，但是来自个体农民的数据价值可能很小；(b) 出售数据的主要是贫困的农民，较富裕的农民会保持控制数据的特权。考虑到这两项挑战，如果农场数据共享和销售的共同平台达到一定的规模且汇总的数据可以引起买家的兴趣，并且管理透明，那么这个想法可能会奏效，但目前似乎还没有市场(Block，2018)。

#### 2.2.2.6 数据权力的失衡

**(1) 农民数据过于透明**

无论是为了接受建议和服务、获得认证、确保可追溯性，还是为了证明补贴的合规性，农民必须共享大量潜在的商业敏感数据。

德国农业协会的一份报告提到了农民“对公共部门过于透明”的印象，但对其他参与者的透明度也可如此表达。该报告还指出，农民似乎没有被认为“与其他经济经营者处于平等地位，而其他经济经营者的运营数据和商业数据被认为值得保护”(德国农业协会，2018)。

其中一些商业数据甚至可能被视为商业机密。正如另一项研究指出的那样（Carbonell，2016）：“土壤肥力和作物产量的细节历来被认为是农民的商业秘密，突然之间，这些信息正在以技术和产量奇迹般提高的幌子被采集起来。”这种说法可能被认为过于强烈，因为农民总是以某种方式分享数据，特别是如果这对他们有利的话，例如便于获取设备。

在精准农业中，数据共享的原因是一样的：获得回报。也许已经改变的是，数据不是有选择地、根据具体情况进行共享，而是由技术提供商自动地从机器上直接“获取”数据，其速度和精度实际上向技术提供商揭示了农民实践的所有信息，甚至比农民自己知道的还要多。

无论如何，某些数据对于精准农业的运作、获得补贴或认证是必要的，这一事实本身就使它们不可能被视为商业秘密，因为作为商业秘密的数据应保持机密，且不应被第三方轻易获取（Van derWees等，2017）。

**（2）自然垄断的风险**

在许多发达国家，农业技术提供商的规模越来越大，数量越来越少，这增加了垄断的风险，更准确地说是寡头卖方垄断的风险。当一些数字技术需要昂贵的基础设施时，情况尤其如此。但应该注意的是，并不是所有的数字技术成本都很高，一些数字技术实际上可以促进新的参与者进入市场。另一个风险是，农业技术提供商在其他竞争对手之前积累了大量数据，这将成为一个巨大的优势。网络效应和转换成本也会对新进入者的规模形成障碍（Townsend等，2019）。

**（3）合同权力的不平衡和不公平交易/数据操作的风险**

寡头垄断的风险也影响了农民选择技术提供商的自由权及合同权。由于缺乏选择，农民可能会依赖提供商或遭受不公平的对待。比其他公司拥有更多数据和更多见解的公司可以制定反竞争行为，包括可能影响食品安全的商品市场的价格歧视和投机行为（Kritikos，2017）。

**（4）绑定和偏倚算法的风险**

许多农民察觉到的一个风险是，用于处理其数据和提供建议的算法是不透明和存在潜在偏见的。由于决策支持工具通过算法产生的建议几乎总是封闭的，农民很容易感到自己无法控制决策过程（欧洲委员会，2020）。必须考虑的潜在后果有：(a) 农民知识贬值，决策权弱化；(b) 算法的潜在偏见会把农民绑定在服务提供商选择的解决方案中。也有人指出（欧洲委员会，2020），政府或农民组织提供的公正咨询服务可以抗衡私营部门农学咨询的主导地位，但迄今为止，它们无法提供同等水平的量身定制的咨询，且组织不善。

### 2.2.3 访问和重用必要数据的挑战

农民需要大量的数据，或者说，由于农民不直接使用数据，他们需要的服务反过来又需要访问由其他参与者生成或汇总的大量数据。例如，天气预报、气候数据、市场价格、作物生长数据、虫害警报等（见第1.1.3节“识别农场作物周期中的关键数据集”）。这些数据通常由第三方拥有、管理和控制，并直接或通过中介提供给农民及其代表。它可以由政府管理，更常见的情况是由私人公司管理。对于农民以及随后为农民提供服务的人来说，此类数据呈现出共同的挑战：可获得性（可获得吗？从谁那里获得？）、可访问性（是免费的吗？是开放的吗？）、重用性（能在其他服务中重用吗？可互操作吗？是否有许可证？）和质量（可靠吗？符合目的吗？），其中许多内容将在第3章中介绍。

第2章“数据共享原则”是关于价值链中的数据，第2.2节“小农户在数据价值方面的挑战”侧重于与价值链中不同参与者的相对权重、分享意愿、主导地位以及公共部门在提供数据、创造公平竞争环境方面的作用的相关挑战。

表2-2总结了农民在使用数据方面面临的相关挑战。

**表2-2　农民在访问相关数据和获得服务方面面临的挑战**

| 挑战 | 与农民的具体关联 | |
|---|---|---|
| 私营部门数据相关性的缺失和访问机会的缺失 | • 无法访问私营部门的公共利益数据；私营部门通常拥有影响最大的数据集<br>• 缺乏激励私营部门公开分享数据的措施<br>• 私营部门数据的成本<br>• 缺乏私营部门数据和服务的公共替代品<br>• 对小型服务提供商来说，缺乏公平竞争的公共数据 | • 无法访问私营部门与公众利益有关的农业数据，例如产品跟踪、传感器数据、价格等，这些数据有助于预测市场危机、流行病等<br>• 农民依赖于私营部门的数据和服务，只有几家大型供应商，没有竞争市场 |
| 很少使用且不太可用的公共可用数据 | • 重用困难：缺乏全面覆盖、质量保证、准确性、标准化；缺乏应用性和适用性<br>• 缺乏公开可用的高影响力数据集<br>• 公共数据无法满足需求<br>• 缺少实时数据 | • 公开的农业相关的数据集很少被私营部门重用<br>• 公开数据没有回应农民的需求<br>• 缺乏与农业非常相关的实时数据，例如供应链的产品安全状况或害虫警报 |

资料来源：Pesce，2019。由作者修改。

#### 2.2.3.1　访问私营部门数据

私营部门拥有大量的数据，其中大部分具有很高的公共利益。特别是对农民有很高价值的数据是由私营公司采集或汇总的，例如可靠的天气数据、及时的市场数据、精准农业汇总数据（土壤、水、化肥和农药的使用）、动植物健康数据、销售数据、产品跟踪数据等。在某些情况下，这些数据或相关服务是可以进行购买的，但价格往往对小农户来说过高。在大多数情况下，只出售服务，而非原始数据或其他参与者获取见解或构建服务所需的汇总数据。如果政府能够访问这些数据，就能为农民提供更好的服务。

与此相关的一个问题是，企业对企业的数据共享很少，尤其是大数据持有者和小公司之间。这种交换将鼓励创新，降低新市场进入者的门槛，从而增加竞争，避免垄断和绑定，为农民提供更多的选择。目前，私营部门缺乏激励共享数据的措施。为了鼓励数据共享，有人提出了开拓竞争前空间、创新商业模式和利用社会责任等想法。

2.2.3.2 访问公共数据

**（1）面向农民的开放数据**

截至2019年9月，《开放数据晴雨表》（万维网基金会，2020）表明有41项政策规定公共部门数据（或者更确切地描述为公共产品的数据）应该是开放的和可重用的。在大多数情况下，这些政策的目标是为创新服务的发展提供免费的有用数据。然而，由于在采集或数字化数据方面存在困难，且数据类型优先级的标准也不明确，因此公开数据并非覆盖所有行业。即使是农业在国内生产总值中占很大比例的国家，农业数据也是直到现在才开始在开放数据政策中明确提及（联合国粮农组织，2018）。

对农业有用且传统上在开放数据政策中被优先考虑的数据类型是地理空间数据、土壤数据和土壤地图、土地清册数据，有时还有天气数据（尽管私营部门在这方面发挥了更大的作用），以及最近的价格数据。然而，即使是这些数据，也并不总是发布或并不总是以有用的方式发布。此外，其他对农民特别有用的农业数据通常不会发布，例如作物生长数据、病虫害管理数据、价值链数据、土地生产力数据等。

开放数据在缓解数据不对称方面具有重要作用。它使资源较少的参与者能够访问数据，比如只能从昂贵的提供商那里获得数据的小农户。开放数据还有助于为小公司创造公平的竞争环境，使其可以重复使用数据，为农民提供有竞争力的服务，降低农民对大型集中提供商的依赖。

为了在缓解数据不对称方面发挥这一重要作用，公共数据应该包括该行业真正需要的数据，即可以在农业价值链上产生重大影响的数据。但是，缓解数据不对称需要进行影响评估，以确定哪种类型的数据是农业部门特别是农民最需要的。然而，到目前为止，公共部门尚未进行太多的影响评估或向社会和行业进行咨询以确定需要哪些数据，且未公布足够的“高价值”数据集，即会有很大影响的数据集。这就是为什么私营部门数据对于发展高质量的农业数据服务仍然至关重要。

公共开放数据不能产生预期影响的主要挑战是：

- 公共数据的用途和使用很少：公开可用的数据对农民可能不是最有用的。例如，政府可能有价格时间序列，但没有实时价格数据，而后者明显更有价值。

- 有限的数据可用性：公共数据并不总能满足各种受众的需求。例如，农民或其服务提供商需要的数据可能是可获得的，但粒度或标准化水平不合适。

另一个越来越相关的数据和服务的来源是农民协会。它们在支持农民方面可以发挥与公共数据相同的作用，特别是结合农民档案分析，使它们能够根据其会员的需要定制服务（见第1.2节“农民档案”）。

**（2）面向补贴计划的数据**

在农民数据共享和公共开放数据之间的交叉点是围绕补贴输入计划的双向数据流。这是农民直接贡献的公共部门的数据。例如，农民与政府共享他们的开支、耕作方式和自然资源管理等数据，作为补贴支付的证据。一些符合规范的数据被汇总在统计数据中，用于监测补贴计划的结果，并成为公共数据。

传统上，这些数据的采集是通过纸质表格完成的，而最近由农民手动填写电子表格完成。然而，一些国家为了简化行政程序、降低办理成本，开始允许基于数字采集和提交的数据进行自动补贴支付。

关于数据共享，农民面临的主要挑战是在不丧失竞争力和不削弱其在价值链中的地位的前提下，为特定的目的共享数据。

关于获取所需的有效数据，农民、农民代表和技术/服务提供商必须了解访问公共部门和私营部门数据的挑战。目前，公共数据和服务以及农民协会提供的数据和服务往往不够有用或可重复使用，无法与私营部门的数据和服务竞争，后者往往昂贵且可能有偏见。然而，私营部门也不愿意分享数据。

显然，为缓解数据不对称，需要采取措施，在价值链参与者特别是小农户之间建立信任，如政策、平台和指导方针等。

## 2.3 农业价值链中负责任的数据共享

本节概述了在处理农民数据共享时需要考虑的政策空间和工具。此处相关的政策空间与开放数据生命周期的相关政策空间不同。在价值链上共享的数据通常是不公开的，不是为公共使用而设计的，而是为提供特定服务的相互交易而设计的，这引发了一系列不同的问题，主要是合同问题。

本节将简要概述一些相关立法领域，但必须指出的是，农业数据共享的许多重要方面，如归属、访问、可移植性、互操作性、效益、绑定风险等都没有被立法涵盖。相关立法领域的案例包括常规数字政策、个人数据保护（PDP）专门法规、数据开放政策、农业政策（特别是涉及补贴计划的数据共享政策、竞争法和不公平交易行为）。

除了法律之外，还有一些自我监管的工具可以帮助协商此类数据共享的公平条件。本节列举了这类工具的例子，例如，不同价值链参与者商定的行为准则和指导方针，及其在使数据共享更公平方面所具有的潜在作用。一些专家还设想在全球层面开展合作，为农业数据共享制定国际准则。

重要的是要突出构成支持小农户的"数据生态系统"的治理组件。生态系统的数据平台可以由不同的参与者根据不同的目的来管理：大多数情况下，农场的数据仍在技术提供商的平台上进行管理，但也有农场数据合作社的例子及被认为是可信组织、具有可信治理的信托中心的潜在作用。

### 2.3.1 应对农场数据共享挑战的法律和政策空间

农业数据共享没有专门的政策空间，但有更广泛的政策工具可用于确保农业数据共享的公平性。

- 数字战略解决的重要问题包括数据保护、数据可移植性、数据标准、数据访问、公共数据和开放数据、数据在国家间的移动等。现在，这些是公共政策和相关立法的共同组成部分。
- 农业政策解决与推广服务、农业价值链干预措施、补贴合规数据等相关的问题。
- 一般竞争法和有关不公平交易行为的立法解决的是不公平数据行为和权力失衡等方面的问题，但具体的数据维度尚未得到解决。
- 行为准则或治理模式（如公私伙伴关系）是一种自我监管工具，可以解决合同公平和公平数据治理的更具体的问题。

尽管公共政策没有明确解决农业数据共享问题，也没有为前几节中强调的大多数问题提供解决方案，但了解现有的政策空间有助于了解未来这些问题可以在哪里得到解决，并能够影响这些政策，例如推动更好地覆盖农业政策中的数据维度、数字战略中的价值链和数据不对称维度（表2-3）。

本部分内容在简要概述政策空间后，将向读者介绍行为准则和创新数据治理选项作为由潜在的利益相关方牵头的、自下而上的解决方案，以实现更公平的农业数据共享。

#### 2.3.1.1 数字策略

**（1）数据保护法及非个人数据权利**

数据保护过去被视为隐私法的一部分，或者在消费者数据保护的情况下，根据贸易法来处理。如今，数据保护的核心问题涉及在线或数字传输数据，数据保护在制定了数字战略的国家和地区，往往在专门的政策领域下解决。

表2-3 与农场数据共享相关的政策空间示例

| 数据不对称/冲突 | 数据流/技术 | 参与者的风险 | 政策空间 |
|---|---|---|---|
| 私营部门内 | | | |
| 价值链内<br>• 农民与农业技术提供商<br>• 农民与加工商和分销商<br>• 农民与金融机构 | 农场数据>[①]农业技术提供商<br>精准农业<br><br>农场数据>供应链<br>某些情况中的物联网<br><br>农场数据>银行<br>截至目前，卫星和传感器数据已经初步使用<br><br>向农民提供的原始数据很少，仅有服务或信息形式，通常通过农业技术提供商来提供 | 农民：<br>• 数据透明度过高，敏感数据比其他参与者更容易暴露<br>• 绑定<br>• 不公平的合同行为<br>• 没有能力处理数据<br>• 分享多于接受 | **数据保护**<br>（数据所有权等权利、商业数据）<br>（知识产权和版权）<br>**农业政策**<br>（农业价值链干预措施、推广服务、数据技术补贴、可能使用区块链数据）<br>**公共数据政策**<br>（为农民提供更多数据，为其在价值链中赋权）<br>**合同法和行为准则**<br>（数据权利、数据共享指南、合同权利） |
| 价值链的同一环节内<br>• 农业技术提供商<br>• 数据加工商<br>• 汇总数据的任何参与者 | 小流量、集中云端、大数据 | 新公司、小公司：不正当竞争<br>农民：绑定、不公平的合同行为 | **竞争法**<br>（避免垄断、不公平的交易行为，促进市场准入）<br>**公共数据政策**<br>（更多关于公平竞争的规定） |
| 私人利益与公共利益 | | | |
| 农民与政府<br>例如：补贴管理<br>私营部门数据持有者与政府<br>例如：公共利益数据、可持续发展目标（SDG）监测、人工智能的原始数据 | 农场数据>农场登记<br>农场数据>农业政策监管<br>截至目前，卫星和传感器数据已经初步使用<br><br>开放数据系统中的私营部门数据<br>至今为止很少，手动提交，应用程序接口<br><br>原始数据至今传输得很少，现在的初步想法是共享原始的物联网数据 | 农民：数据透明度过高，敏感数据比其他参与者更容易暴露<br>私营部门：失去独家访问其所拥有数据的竞争优势的风险 | **数据隐私政策**<br>（数据所有权/权利、敏感的商业数据；使用公共数据简化行政管理）<br>**农业政策**<br>（考虑敏感数据）<br>**公共数据政策**<br>（激励私营部门共享数据的措施、竞争前空间的确定）<br>**公私伙伴关系**<br>（公私数据平台、数据共享协议）<br>**行为准则**<br>（私营部门数据共享协议） |

（续）

| 数据不对称/冲突 | 数据流/技术 | 参与者的风险 | 政策空间 |
| --- | --- | --- | --- |
| 私营部门的公共数据 | | | |
| 营造公平竞争环境、促进公平竞争及激发创新的公共数据 | 私营部门应用中的公共数据<br>开放数据、大数据 | 政府：高投资、缺少影响大的数据或实时数据 | **公共数据政策**<br>（优先考虑影响大的数据、实时数据）<br>**公私伙伴关系**<br>（共享投资、优先权） |
| 对于所有数据不对称问题，考虑到基本权利的影响和数据流动的跨界本质 | | | **国际条约**<br>（关于农业数据流的信息技术构想） |

资料来源：Pesce，2019。
①译者注：">"表示流动方向。

数据保护法保护个人数据。关于农场数据共享中个人数据的深入分析，见第2.4节"个人数据保护"。没有法律框架允许非个人数据受到保护，除非该数据受到版权或商业秘密的保护；因此，第2.2节"小农户在数据价值方面面临的挑战"中所述的包括访问、控制、可移植性等权利没有得到实施。非个人敏感数据可以在合同惯例或商定的行为准则中得到保护，但不受立法的保护。

个人数据保护的一个重要方面是可移植的权利，它很少扩展到其他敏感数据，但却与农场数据息息相关。检索和重用数据的权利有时是在合同中授予的，只是可移植性全面实现的一部分。为了能够重复使用，数据应该是标准化的和可互操作的。相反，机器生成的数据格式几乎总是只能与技术提供商出售的机器和软件兼容。这与不同品牌的机器之间缺乏互操作性有关。

对于农业机器和数据互操作性，更多的解决方案来自国际技术组织，如国际标准化组织（ISO）、农业产业电子基金会（AEF）或AgGateway，而非公共政策。所谓ISOBUS标准（国际标准化组织标准11783），事实上已经成为拖拉机和不同制造商设备之间互操作的标准，而AgGateway和开放农业数据联盟（Open Ag Data Alliance，OADA）为农场数据标准化提供了良好的实践和规范。

数字政策通常涵盖并与农场数据相关的另一个方面是数据本地化需求。不同国家有不同的数据保护制度，但此类政策一般都规定数据的首次采集、处理和存储（主要是关于公民的）须首先在国界内进行（维基百科，2019）。在某些情况下，公民的数据留在本国，或只转移到具有相同数据保护水平的国家。这通常适用于与税收或司法有关的个人数据和其他敏感数据，但一些国家已将其应用得更广泛。

数据保护特别重要，因为它影响云服务，且被视为一种保护措施。一些贸易协定认为数据本地化与公平竞争法是对立的，例如《欧盟非个人数据自由流动框架条例》中明确禁止各国政府制定不合理的数据本地化要求（欧洲委员会，2018a）。

**（2）开放数据政策**

许多国家的政策规定公共部门数据应当开放和重复使用。虽然其中许多政策在方法和目标方面相似，但各国的优先事项和实际执行情况各不相同。

为了评估免费开放数据的可获得性，从而能够确定可能需要额外付费的数据服务的可行性，服务提供商、农民和农民组织需要了解其国家的开放数据政策（如果有的话）和数据的公开状态，还需要了解开放数据平台使用的许可条款和互操作性标准，以确定服务的法律可行性和技术可行性。

除了咨询国家法律的建议外，还有一些试图跟踪全球开放数据政策实施情况的国际倡议：

- 开放政府伙伴关系（OGP）是一种具有特定资格标准的正式伙伴关系，在这种情况下，各方认为“一部保障公众知情权和拥有政府公开数据访问权的信息法对其精神和实践至关重要”（资格标准和开放政府伙伴关系价值检查评估，2020）。如果一个国家是开放政府伙伴关系成员（2019年，有79个成员国），这将为农业利益相关方特别是农民组织提供良好的杠杆作用，以倡导发布对农业有用的数据。
- 《开放数据宪章》是一项倡议，旨在邀请国家和地方政府采纳由六项原则组成的共同章程：公共数据必须默认开放；及时且全面；可访问和使用；具有可比性和互操作性；改善治理和公民参与；促进包容性发展和创新（开放数据宪章，2015）。目前，已有22个国家通过了该宪章。如果国家通过了该宪章，农业利益相关方可以利用这一点来倡导发布对农业有用的数据，特别是促进包容性发展和创新原则。
- 国家排名可以在评估公共数据开放度的不同国际倡议创建的索引中查找，如开放数据观察[opendatawatch.com]，开放数据晴雨表（未积极维护），为经济合作与发展组织（OECD）成员提供开放、有用、可重用的政府数据索引（OURIndex）的经济合作与发展组织索引[oecd.Org/gov/digital-government/open-government -data.htm]，为欧盟国家提供的欧洲数据门户网站中的《欧洲开放数据成熟度报告》（Cecconi和Radu，2018），为更广义的知情权提供的全球知情权评级（RTI）[rti-rating.org]。

在某些情况下，开放的数据源不一定必须来自农民所在的国家，可能来自其他国家，这些来源可能对地理空间不敏感，如虫害防治、作物生长的某些

方面；可能覆盖不同国家和区域；可能覆盖全球，例如，许多服务依赖美国国家航空航天局（NASA）的天气数据。

开放数据政策对于实现公平的数据共享非常重要，但是：

- 这些政策很少解决第2.2节“小农户在数据价值方面面临的挑战”中提到的数据有用性及可用性问题，特别是对高影响力数据集的优先排序及提供实时动态数据的挑战。
- 通常情况下，开放数据政策不会解决数据不对称的问题，也不会解决公共数据如何平衡数据集中和为新参与者创造公平竞争环境的问题。

这些问题最近由欧盟政策制定者在政策简报（欧盟委员会，2018）中解决，且在新的《公共部门信息指令》中，也有部分内容关注了数据的重用性和影响，并鼓励高价值数据集的识别和优先排序，以及实时数据的发布（欧盟委员会，2019）。一般来说，很难找到能够预见公共实时动态数据的先进开放数据政策，也很难找到满足农民需求的高影响力数据集的优先排序流程。然而，事情似乎正在发生变化：

- 在一些国家，优先级的“模型”和流程正在成为开放数据策略的一部分，并包括利益相关者的需求和与利益相关者的协商。例如，美国开放数据项目中的公共参与和优先排序方法及马其顿开放数据战略中的优先排序模型（马其顿共和国政府，2018）。
- 关于实时数据，一些发达国家已开始建议公布实时数据，尽管这往往仅限于运输数据。在一些欠发达国家，例如加纳、埃塞俄比亚和突尼斯（Boyera，van Schalkwyk和Grewal，2017），出台了新的开放数据政策草案，包括设计和实施要求定期更新数据的数据清单计划。

政府为农民利益开放的或将要开放的数据中，有很大一部分是静态的，或在较长时期内才会发生变化，比如土壤地图、地籍数据。然而，还有一些其他政府需要收集和开放的数据类型对时效性非常敏感，即使不是实时更新，也需要定期更新，如天气预报、包括各个阶段价格信息的市场数据和早期虫害预警。此类数据通常由私营部门服务覆盖。然而，政府既可以作为公共服务开始采集这些数据，也可以探索促使私营企业分享这些数据的方法。

**（3）私营部门数据共享**

大量公共利益的数据由私营部门持有。对农民具有高价值的数据由私营公司采集或汇总，例如可靠的天气数据、市场数据及关于土壤、水、化肥和农药使用的精准农业的汇总数据。

许多政府正试图就公开涉及公众利益的私营部门数据进行谈判，并探索私营部门可能愿意与其他企业和政府共享数据的基础，以促进创新和公众利益。难点是在这些数据的隐私/商业价值与公共利益或社会责任价值之间取得平衡。

目前提出的路径有：

- 根据具体标准，主张公共利益：(a) 欧洲统计系统建议提供一个明确的法律框架，承认“访问私人持有的公众利益数据的一般原则”（欧洲统计系统，2017）；(b) 根据公共或集体对某些私人数据资产的贡献水平，主张公共利益（Mazzucato，2018）；(c) 在公共合同中强制开放访问所有由公共资金生成的公开数据，即按照目前广泛采用的开放科学方法，强制将所有公共资助的研究数据作为开放数据公布；(d) 对提供公共服务的公司产生的数据，即法语中的“données d’intérêt général”（公共利益数据），执行开放数据发布政策。
- 通过社会认证计划或利用“数据慈善”来提高企业的社会责任感。“数据向善”（DataKind）[datakind.org]和全球可持续发展数据伙伴关系[data4sdgs.org]倡导将私营部门数据用于社会和人道主义目的，而“数据合作”（Data Collaboratives）提出了“一种超越公私伙伴关系模式的新型合作形式，在该模式下，来自不同部门的参与者交换数据，以创造公共价值”（Data Collaboratives，2020）。
- 确定共享私营部门数据的竞争空间。例如，公司共享没有多少附加价值的早期数据，以与其他数据集结合获得新见解；或者共享数据，以提高价值链效率。
- 公私伙伴关系的模式下，私营伙伴的利益得到确定，并可考虑对数据进行补偿。
- 来自公民和公司公共数据的一般“众包”，例如在法国，政府开放国家开放数据门户网站，允许任何人发布开放数据集。

该趋势与私营部门共享农业数据，特别是为农民共享数据的相关性仍然很低，因为迄今为止，其他部门（运输、电信等）有这样的例子，但农业方面的例子并不多。一些私营部门公开共享的数据已经对农业产生作用，如天气数据、交通数据；一些农业投入和技术公司已经开始发布一些数据集，如发布生产力数据集及来自田间土壤数据的先正达绿色增长计划。如果更多的公司开始共享关于土壤、水、化肥和农药使用、动植物健康等精准农业的汇总数据，潜力将是巨大的。

#### 2.3.1.2 农业政策和其他政策空间

农业政策在不同的国家所涵盖的问题也是不同的。一些经常涉及并与农场数据相关的方面包括：

- 补贴和与补贴资格及合规性相关的数据授予。在一些国家，为确保补贴合规，政府已经开始接受来自新数据驱动技术的数据。以下是两个相关的例子：欧盟现在允许Sentinel数据作为共同农业政策（CAP）计划中付款的合

规证据（绿色增长计划的进展数据，2020）；在印度，政府和投入供应商正在使用概念验证应用程序，使用区块链技术进行肥料补贴管理。交互平台的一个例子是卢旺达的Smart Nkunganire系统，农民在该系统向政府提供数据，获得补贴投入。此类数据授予的隐私问题已被提出（Smart Nkunganire系统，2020）。例如，三名德国农民在一场因欧盟公布了非企业的农场数据的诉讼中胜诉（英国广播公司，2010）；欧盟共同农业政策经过欧洲数据保护监督员的评估，获得了积极成果。

- 农业咨询服务，可平衡农民对私营服务的依赖，且可包括提供公共数据服务。
- 农业信息系统，如市场观察站、农场登记、植物品种数据库、动物监测/跟踪系统。
- 重新平衡农业粮食价值链、增强农民地位并加强农民之间的合作：这可能成为平衡价值链中不公平数据行为及支持数据合作社的空间。

这一概述表明，农业政策的某些数据方面与数字政策涵盖的方面重叠。要说明在农业政策或数字战略中要解决或应该解决哪些数据问题并不是一件简单的事情。有趣的是联合国粮农组织电子农业项目邀请政策制定者推动国家电子农业战略"作为国家信息与通信技术和/或农业战略的一部分"，并"了解农业和信息部门中相关的、有时可能是支离破碎的现有政策环境"（联合国粮农组织，2018）。

农业公共数据服务、市场观察站、农场登记、动物监测/跟踪系统可能是一般数字战略的一部分，但关于农业和价值链动态的非常具体的问题可能需要专门的政策空间。

理论上，农业政策可以成为解决农业价值链中农场数据问题和数据不对称问题的空间，延伸及详细说明更多关于数据权利或开放数据的一般性数字政策规定。

#### 2.3.1.3 知识产权和版权法

知识产权（IPR）是各种不同法律文书的总称。知识产权保护的是智力活动的成果，或者说是人类思想的产物。如表2-4所示，这是一个宽泛的概念。

知识产权在不同国家的法律中可能有所不同，但有一些签署国法律必须遵守并执行的国际条约，例如《伯尔尼公约》和世界贸易组织为专利制定的《与贸易有关的知识产权协定》（表2-5）。

版权和数据库权利是与数据最相关的财产权利，它们适用的情况主要为：在创建人工制品时有明显的创造性努力（版权）或明确的编译工作（数据库版权）。

表2-4 知识产权的类型

| 知识产权 | |
|---|---|
| 工业产权 | 版权 |
| 专利<br>商标<br>工业设计<br>地理标志 | 文学作品<br>电影<br>音乐<br>艺术作品<br>建筑设计 |

表2-5 与数据法相关的领域

| 法律类型 | 保护对象 | 法律间的差异 | 是否适用于数据 |
|---|---|---|---|
| 专利法 | 发明 | 大多数法律保护发明 | 否，但数据可能是申请专利的基础 |
| 版权法 | 创意作品、智力作品、艺术作品 | 一般来说，法律保护版权 | 是 |
| 数据库法 | 为汇编数据集所作的努力 | 欧盟和墨西哥法律保护；在一些国家（如印度、南非）被视为版权的一部分 | 是 |
| 商标和商业外观 | 识别可销售产品或服务的标识、名称和表达 | 一般来说，法律保护商标 | 否，但有人担心在重新使用来自私营部门的数据时可能会侵犯此类权利 |
| 育种者权利 | 植物品种和动物品种 | 在大多数法律中，育种者的权利受到保护，但植物品种和动物品种的登记方式各不相同 | 否，但是数据可能是登记的基础 |

因此，在农业数据的语境下，这些权利可以适用于能够展示设计或采集数据方面的智力和独特努力的汇编数据集，但不适用于原始数据。

同一部门垄断和权力集中的问题属于公平竞争和贸易法。违反竞争规则的不是数据集中，而是滥用，例如利用优势地位进行价格歧视、绑定、拒绝服务等。重要的是要了解竞争法，特别是适用于农民管辖范围内的关于不公平交易行为的立法。

## 2.3.2 关注自我管理的法律文件：行为准则

立法未能解决第2.2节“小农户在数据价值方面面临的挑战”中描述的许多挑战，特别是数据价值链中非个人数据的权利。

虽然管理个人数据的法律和法规越来越普遍，但立法仍未覆盖很多行业的数据流。在这些未覆盖的行业中，价值链的不同参与者需要共享数据，同时保护所有参与者免受数据共享带来的风险。目前，这些价值链中的数据是通过私有数据合同或许可协议进行管理的，这些协议通常非常复杂，且无法为数据生产者提供多少谈判能力。

目前常见的农场合同实践示例包括：

- 数据所有权：可能没有关于数据所有权的条款，或声明物联网生成的数据属于物联网生产者的条款。在其他情况下，条款声明在农场上生成的原始物联网数据属于农民，而处理和汇总的数据属于技术提供商。
- 数据重复使用：在大多数情况下，要么对农场数据的使用不明确且数据可以无限地重复使用，要么对农场数据的使用是明确的，但不能协商；在某些情况下，重复使用数据需要得到农民的同意。

为数据共享合同设定共同标准的自我管理的法律文件已经开始出现。这些文件的形式和名称（行为准则、自愿准则、原则）略有不同，为了便于参考，下文将简称为“准则”。准则规定了签署人、订阅者和会员同意应用于其合同的原则。

在农业方面有三项知名度较高的准则，按时间顺序为：

- 美国农场局联合会的农场数据隐私和安全原则（2014年）。在农场数据共享中关于同意和公开的七项原则，为采集和分析农场数据的公司（农业技术提供商[Agricultural Technology Providers]，ATPs）提供了一些应该应用于合同中的通用原则。
- 新西兰农场数据行为规范（2014年）。有六项指导新西兰农业数据共享的准则。
- 欧盟关于通过合同共享农业数据的行为准则（2018年）。欧盟准则侧重于合同协议，并就农业数据的使用提供指导，特别是数据权、访问权和重复使用权。它的目的是在合作伙伴之间建立信任。

这三项准则有一些共同之处：它们都具有自律和自愿性；它们以原则为基础，关注农业数据实践的结果，而不是实现的确切过程或行动；它们是由农民协会、农业技术提供商、机器供应商和其他投入品的供应商等利益相关方通过不同组合共同准备的；它们围绕着同意、公开和透明这三个核心共同点（表2-6）。

有趣的是这些准则中赋予农民的大部分权利是个人资料保护法赋予数据主体权利的延伸。这些准则中最重要的一点是，它们解决了前一节中确定的一些问题：

**表2–6　三项准则的关键点**

| 美国 | 新西兰 | 欧盟 |
| --- | --- | --- |
| **农民**是农场数据的**所有者**，并将继续是非汇总农场数据的所有者<br><br>服务提供商有责任**告知农民**其数据正在被采集，以及使用数据的方式<br><br>采集和重复使用需要得到农民的**同意**；未经农民同意不能做任何事情<br><br>**检索**自己数据的权利，以在其他系统中存储或使用 | 向初级生产者和其他终端用户**公开**相关方拥有的权利<br><br>**公开实践**和政策：数据权利，数据处理和共享，数据存储和安全<br><br>开展实践以确保数据按照**商定的条款**和**目的**进行管理，且在适当的条款和条件下可以进行访问 | 数据发起者仍然是数据的**所有者**并可以决定访问和使用数据的人员<br><br>发起者有权**知道**数据采集和共享的**目的**<br><br>采集和重复使用需要得到**同意**，重复使用受**目的限制**<br><br>有权检索他们的数据<br><br>发起者有从他们的数据中获益的权利（甚至在经济上）<br><br>汇总的数据属于汇总者 |

- 数据所有权声明。欧盟和美国的准则认为农民是其农场产生的信息的“所有者”，因此，农民有权决定数据的使用和与其他利益相关者的共享。准则也承认“数据生成”在精准农业系统中的作用，但仍然认为农民是所有者。在欧盟准则中一个非常有趣的概念是“数据发起者”：“操作过程中产生的所有数据的数据发起者是那些通过技术手段（如农业机械、电子数据处理程序）或通过他们自己或为此目的委托数据提供商创建/采集这些数据的人。”（Copa Cogeca等，2018）这一定义避免了所有权概念的复杂性，也绕过了农民是耕种者还是土地所有者的相关问题：数据发起者是采集数据或委托采集数据的人。新西兰准则不主张任何所有权。如有，考虑到农业企业必须公开其在数据上主张的权利，他们可能会主张自己的所有权。
- 访问权和控制权。在欧盟和美国的准则中，只有在农民明确同意时，才能采集、访问和使用农场数据，并且农民保持对数据的控制权，而新西兰准则让农业企业决定并向初级生产者公开组织在数据方面维护的权利及初级生产者在数据方面拥有的权利。在这三项准则中，对整个流程的控制还意味着，除了最初商定的目的（目的限制）外，不允许对数据进行重复使用。
- 透明度和选择。所有这三项准则都要求告知农民其数据正在被采集，用于什么目的以及将如何使用，并且允许他们选择退出协议并停止采集。

- 公开。这三项准则都禁止农业企业在没有农民同意，且没有与农业企业和农民之间相同的限制性法律条件的情况下，向第三方公开未汇总的农场数据。
- 检索和可移植性。这三项准则都要求农民能够检索其数据，以便在其他系统中存储或使用。至于标准和互操作性，欧盟与新西兰的准则提到，数据应该以结构化的、经常使用的和机器可读的格式提供。

**（1）认证**

美国和新西兰的准则预见了某种认证的形式：

- 美国准则与农业数据透明评估相关联，这是一个为符合合同准则的农业技术提供者提供认证并授予其农业数据透明批准印章的过程。
- 新西兰准则提供了一个合规性检查表，由一个审查小组进行评估：符合规范会获得每年颁发的许可证和认证及新西兰农场的农场数据准则商标。

数据认证计划可以增强信任，因为生产者确信已经有独立客观的一方对提供商的行为做出评估且认为其值得认证。

**（2）农民组织的作用**

产生准则的组织应该仔细考虑所代表的观点的平衡性。特别是，农民协会应为在分享数据方面面临风险最大并可能因此最不愿意分享数据的最脆弱的参与者进行协商。农民领导协会的背书和共同制定的准则可以确保农民的观点成为中心。

现有的准则虽然是由农民协会共同起草的，但其宣称的目标是获得生产者对农业企业的信任，因此，似乎反映的是农业企业的观点，给人的印象是，这些准则包括了农业企业愿意接受的内容。

关于这些准则的目标受众，值得注意的是，现有的农业数据准则没有将农民和农民组织作为主要目标受众（更不用说小农户），而是将与农民合作并使用其数据的农业企业和农业科技公司作为目标受众。因此，尽管这些报告是由代表农民的机构（迄今为止，是发达国家的大型农民协会）编写，并间接地提高了农民对其数据权利的意识，但它们并不是主要为农民编写的。这对农民组织来说是很重要的一点，在使农民了解准则方面，它们发挥着重要的作用，例如根据守则为农民评估合同。

**（3）行为准则的优势**

由于准则还不够成熟，采用也不够广泛，因此不足以评估到目前为止它们是否成功。一项关于农业数据行为准则的研究指出了准则的一些关键的积极作用（Sanderson，Wiseman和Poncini，2018）：

- 它们建立了信任。
- 它们填补了规范性的空白。

- 当公司想证明其符合社会责任的要求时，它们像其他形式的认证一样简化了对行为的评估。
- 它们在技术提供商和农民之间建立了意识。
- 它们促进了参与和包容。行为准则通常由代表相关利益的不同组织共同制定，这反过来能够促进信任，增加可信度。

**（4）国际准则**

现有的行为准则有区域范围或国家范围是合理的，因为其涉及合同惯例且对当地的合同法相当敏感。但是既然它们有许多共同之处，这表明在世界范围内可能需要一些通用准则。

考虑到农业粮食体系的跨境性质，政策研究一再提出建议（Schrijver，2016；Maru等，2018；BMEL，2019）：要在国际层面、在联合国体系下，更准确地说，正如全球粮食和农业论坛所建议的，在联合国粮农组织层面协调准则。

这种协调可能会带来国际自愿准则，或是一套标准，或是基于《粮食和农业的植物遗传资源国际条约》模型的国际协议或条约。

## 2.3.3 关注农场数据的“数据生态系统”的治理选项

农业粮食数据生态系统涵盖了治理（政策法律、行为准则、社区规范等）、机构、致力于农业粮食数据管理和流动的基础设施，以及提供和使用数据的行为体。

生态系统中的数据平台可以由不同的参与者以不同的目的管理：在大多数情况下，农场数据仍在农业技术提供商平台上管理，但最近推出了一些新的平台，可以独立共享农场数据。许多专家认为应该鼓励独立平台的使用。农民、顾问和相关公司需要一个能够采集、存储、可视化、交换、分析和使用大量数据的数据基础设施，他们还需要一个法律框架来处理农场外部数据的所有权和使用（Kritikos，2017）。

治理这些平台是使其成为“可信”平台的关键。不同的政策建议提出了两种治理类型：公共治理和利益相关者治理。

### 2.3.3.1 公共部门主导的数据平台

关于公共部门在提供可信平台方面扮演的角色，似乎没有任何明确的政策，如农民和其他参与者之间用于数据协作的基于区块链的平台和电子基础设施。有人建议在公共治理下建立独立的、以农民为中心的数据存储库，它可以是一般性的，也可以按范围组织，如特定的商品、特定的价值链等。虽然第3章“数据使用”列出的一些利益相关者主导的平台得到了政府的支持、认可（如荷兰的JoinData）或部分资助（如加拿大的AgBox或斐济的作物和

畜牧业委员会)，但是目前还没有公共部门主导的协作或交互式农场数据平台的例子。

类似的公共部门的方式有：(a) 政府主导的交互式授予合规性数据补贴的平台，如卢旺达的Smart Nkunganire系统；(b) 政府维护的农民档案数据库，通常包含大量的农场数据，如卢旺达计划建立一个全国农民数字档案平台；(c) 政府主导的市场/价格观察站，数据由生产者协会提供。

2.3.3.2 利益相关者主导的数据平台

如果非公共数据平台由网络成员组成的信任组织管理，那么信任就可以建立起来。例如，由农民集合体或联盟管理的数据平台，包括其他价值链参与者；或由其成员拥有的任何形式的“数据合作社”。管理这些平台的机构应被视为“信任组织”，有权核实、验证和认证数据流动，并确保公平的、包容的和平等的数据和信息在农业粮食体系中流动（Maru等，2018）。

这些信任平台的治理模式基于谈判、透明和创新的商业模式，并将促进农业粮食数据的公平流动。这类数据平台的治理和资金方面可以考虑采用公私伙伴关系模式。已经有一些由利益相关者主导的平台的例子：

- 在荷兰，Dutch JoinData平台允许农业参与者在访问数据和使用数据方面都具有明确协议的基础上共享数据。JoinData不是一项公共倡议，而是一项合作，但政府认为它是一项有利于私有数据共享的良好的协议。
- 在牙买加，Slash-Roots基金会目前正在进行一个项目，即从牙买加的农民登记处获取数据，并将其转化为一个交易平台（Ferris和Rahman，2016b）。
- 前几年在美国，艾奥瓦州农业局已经提议建立一个由农民控制的数据仓库。最近，种植者信息服务合作社（GISC）和农业数据联盟创建了AgXchange平台，这是一个“种植者拥有和管理的数据合作社”，其构想是为合作社成员提供独立的数据平台、最先进的决策工具和农场数据市场（种植者信息服务合作社，2020）。种植者信息服务合作社还与Farmobile合作，后者是一家独立的农场数据公司，为农场数据提供了采集—共享—货币化策略，及读取和协调所有数据的技术（Farmobile，2020）。
- 在加拿大，AgBox是一个由参与者联盟管理、部分资金由政府提供、被设想为农民拥有的数据合作社。它为农民提供了一个可信的和安全的加拿大区块链平台，用于存储农场数据，特色是与精准农业数据平台进行数据连接（Agbox，2020）。
- 在欧盟，关于“欧洲农业和农村地区的智能和可持续的数字未来”的合作宣言鼓励创建一个“欧洲智能农业食品应用数据空间”，并提出修订公共部门信息（PSI）指示。欧洲议会研究服务处2017年的研究建议，在欧盟范围内建立一个以农民为中心的独立数据存储库（Kritikos，2017）。

- 一些其他利益相关者主导的平台更加侧重管理农民档案的数据库，而（也许还）不是让他们共享农场数据，但它们仍然是生产者协会管理数据平台和替代或充当政府的中间人来管理农民注册的范例。例如，由商品协会组成并得到政府和欧盟支持的斐济作物和畜牧业理事会负责所有商品协会的农民登记；哥伦比亚咖啡种植者联合会向农民提供政府补贴，并维护包含了52万多名咖啡种植者及其农场的地理空间数据库。

现有的一些平台由农民拥有，农民协会或合作社作为信任组织在引导农民数据、协商访问其他参与者数据和确保公平的数据流动方面发挥着重要作用。

公共政策空间，主要是数字战略，在两个方面是相关的：(a) 数据共享保障，目前大部分数据保护及数据本地化法规都是根据数据策略制定的；(b) 数据访问，开放数据政策在向资源较少的参与者提供数据方面发挥着非常重要的作用，而最先进的开放数据政策的最近趋势是，提供更具影响潜力的数据：基于行业需求的“高价值”数据，甚至是来自私营部门的数据。

在数字政策领域，对于跨系统数据的可移植性和互操作性问题，标准化组织和行业合作比公共政策具有更强大的作用。

农业政策的某些方面可能与数据共享相关，如符合补贴规定的数据授予、农业咨询服务和农业信息系统，如市场观察站、农场登记、植物品种数据库、动物监测/跟踪系统。

然而，有人指出，与数据所有权、数据控制和议价能力相关的某些关键挑战（通常是价值链参与者之间的信任问题）已经通过利益相关者主导的举措得到了更好的解决，比如行为准则或具有可信治理的数据平台。

行为准则是由包括农民代表在内的不同利益相关方共同参与编写的，通过提供商定的指导方针建立信任，该指导方针指出如何通过数字农业合同解决农民关于农场数据权利的问题。建立信任也是平台的目标，不管这个平台是由农民或农民领导的协会直接管理的，还是由透明治理的第三方管理的。

## 2.4 个人数据保护

分析农民资料并获取农场层面的数据是构建服务的关键一步，而这些服务对小农户增加产量和收入至关重要。如第1章“数据、服务及应用”所述，档案活动可以由不同类型的参与者执行，如农业企业、农民团体、合作社或信息与通信技术服务提供商。这个活动是采集和存储在本质上被归类为个人数据的农民、农场数据。在许多国家，个人数据的采集、储存和管理受国家、区域

等层面具体立法的监管。即便有些国家没有这方面的规定，国际趋势表明，越来越多的国家正朝着通过这类立法的方向发展，特别是在电子通信方面。一些例子表明，除了伦理层面外，个人数据保护措施的实施，也是建立农民和采集、管理农场层面数据组织之间信任的有效方式。因此，强烈建议任何落实农民档案平台或农民登记的人落实个人数据，这是保护个人数据的最佳实践和通用方法，即使具体国家的法律没有规定这些方法是强制性的。

本节体现了个人数据保护法的核心原则、采集个人数据的组织必须遵守的义务及最佳实践的实现。

### 2.4.1 定义

"个人数据"的一种常见描述是"所有可归属于生命个体的信息"。可以与其他数据结合并归属于生命个体的数据，也被认为是个人数据。这些信息可以有不同的呈现形式，如身份证号（社会保险号等）；一个或多个特定于他/她的身体、生理、心理、经济、文化或社会身份的因素，如姓名、出生日期、生物特征数据、指纹、DNA等。根据这一定义，只要采集农民数据的过程中包含姓名、电话号码、地址或全球定位系统坐标等元素，就属于处理个人数据的范畴。图2-4显示了归类为个人的数据类型。

图2-4 归为个人的数据类型

资料来源：Rivenes，2019。

"个人数据保护"通常定义为"旨在保护公民个人信息的法律"。截至2018年，全球120个国家有数据保护/隐私法，40个其他国家有未决的法案或倡议（Banisar，2019）。

以下两个要素必须注意：

（1）即使在没有具体国家法规的国家，一些国家批准的区域、大陆或国际条约也可能为个人数据保护提供法律框架。一些最著名的条约包括：

- 第108号公约，即由欧洲委员会55个国家批准的《关于个人数据自动化处理中的个人保护公约》；
- 由非洲联盟14个国家批准的《网络安全和个人数据保护公约》（非洲联盟，2014）；
- 关于西非国家经济共同体内部个人数据保护的A/SA.1/01/10附加法（西非国家经济共同体，2010）。

（2）大多数法规适用于电子和纸质的个人信息采集和管理。例如，农民组织可能几十年来一直在纸上记录其成员的详细信息，但可能没有意识到这样的存储库归属于此时颁布的个人数据保护法；该农民组织现在正在违反法律，并可能受到该法律规定的处罚。

## 2.4.2 法律的异同

值得注意的是，个人数据保护领域目前正在全球范围内迅速发展。这种发展是由两个主要因素触发的：

- 欧盟《数据保护通用条例》（GDPR）：欧盟通过的这项新条例于2018年5月25日正式生效，成为对公民最具保护性的条例，为许多国家提供了参考。这些国家正在更新其旧有的法律，以符合新的标准（欧盟委员会，2018b）。
- 大量被脸书、谷歌等大公司非法采集和被国际公司及政府用于非道德活动的非法利用个人数据的案件。最近，最著名的案例是剑桥分析事件（维基百科，2020a），出于政治广告的目的，数百万脸书用户的个人数据被利用。类似但与农民更相关的例子包括：中介机构利用农场层面的数据，如特定商品的可获得性，凭借地点和商品可获得性的信息，在商业匹配中实现利润最大化。

这些因素正在推动所有国家通过或更新其个人数据保护法规。

每个采用个人数据保护法形式的国家都使用了自己的模板和措辞。然而，在所有法律中出现了许多共同点，当法律更具有保护性时，法律中出现了一些要素，下面各段总结了这些共同点和附加元素。

### 2.4.2.1 法律之间的共性

下面是个人数据保护法的核心要素：

- 法律范围：个人数据保护法总是涵盖数据采集和利用。法律中通常使用的“处理个人数据”一词涵盖任何与采集、储存及使用个人数据有关的活动。

例如，如果一个农民组织采集和存储农民资料，并同信息与通信技术服务提供商共享该信息，它显然必须遵守个人数据保护法。但是，可以访问和使用个人数据的信息与通信技术提供商，即使没有直接采集个人数据也必须遵守个人数据保护法，例如，必须获得个人同意，才能进一步共享或使用不包含在该同意范围内的数据。

- 明确采集的数据：采集个人数据的组织必须告知信息表中相关人员其数据是否被明确采集和存储。有些信息确实可能在采访中被明确要求，如姓名、种植的商品等；但有些信息并非明确获取，如无需询问相关人员即可以自动填写或由采集者直接填写的地址或全球定位系统坐标。因此，必须将采集到的所有信息告知当事人[①]。
- 明确采集的目的：必须告知当事人采集的目的及采集信息的组织将如何使用这些信息。国与国之间在使用的详细程度上存在差异。一些法律要求详细说明使用情况，这就不允许未经重新同意的任何应用。在其他法律下，使用描述可以是一个完全开放的声明，例如，这些信息将为接受调查的农民设计和构建服务。显然，后者不会给人带来太多的信任；前者则为当前趋势（如欧盟《数据保护通用条例》）和建议的最佳实践。
- 明确数据共享政策：组织在采集数据时必须明确共享政策。国与国之间共享政策的详细程度存在差异。有些法律要求详细说明有权访问数据的第三方名单、其有权访问的数据部分及其数据的使用；如需更改数据使用、数据访问级别或第三方名单，则需重新获得同意。在其他法律下，共享政策的描述可以是公开声明，例如，信息可与任何旨在为被调查农户设计和构建服务的第三方分享。显然，后者无法给人带来多少信任。需要权衡以确保个人能够提供知情同意、确保数据采集的最大影响、支持新的创新服务的出现，且无需在重新获取同意上投入大量资金。作为最佳实践，建议明确不同类别的参与者，如公共机构、信息与通信技术服务提供商、金融机构等，并向当事人解释具体的共享政策及理由。欧盟《数据保护通用条例》与这种方法一致，并要求每个数据用例单独呈现，得到相关人员的同意。

① 值得注意的是，详细程度取决于每项立法。在一些立法中，信息的定义比较宽泛，例如家庭信息或生产信息。在其他情况下，每条信息都须加以解释。

- 采集明确的知情同意：提供个人数据的人必须明确表示同意使用和共享。一些法律禁止全球统一，并要求在每个案例中单独验证，如欧盟《数据保护通用条例》。大多数法律要求以可理解和易懂的术语来表示数据的使用和共享。采集的组织必须确保个人知情同意。
- 保护采集的数据：所有的法律都要求采集和存储个人资料的组织采取所有可能的措施来保护整条链的个人数据，从数据采集点到中央存储库再到访问数据的第三方。
- 提供验证和更新的手段：所有法律都要求采集和存储个人数据的组织为被采集个人信息的人提供一种可以查询该组织的方法；任何被存储了详细信息的人都有权知道这些详细信息是什么，并有权更新它们。

2.4.2.2 更具保护性的法律附加部分

除第2.3节“农业价值链中负责任的数据共享”中所列的出现在大多数个人数据保护法律里的规定外，还有其他一些要素在大量的法律中出现。特别值得一提的是：

- 官方声明：许多法律设立了独立的权力机构来控制公共和非公共组织的数据处理并处以罚款。若有关机构是由法律设立的，该法律通常也会强制就任何个人数据的采集或处理做出声明。该权力机构提供了此声明需要遵循的官方表格和流程。
- 退出机制：许多法律要求采集数据的实体提供一种机制，让被记录人在数据采集后可以选择退出存储库。
- 安全漏洞报告：当法律设立独立的权力机构时，通常须向该权力机构报告任何可能导致未经授权访问个人数据的安全漏洞。一些法律甚至要求实体通知个人其详细信息已被访问。

### 2.4.3　获取和管理农民数据的最佳实践

个人数据保护法规定了采集和管理农民数据组织的义务和责任。在适用这类立法的国家，还包括对违反法律的实体进行惩罚和制裁。这些处罚鲜明地提醒着各组织要守法。在没有这类立法的国家，强烈鼓励分析农民资料的组织采取相关措施有两个主要原因：

- 个人数据保护在全球范围内迅速发展的局面很可能会使所有国家在未来十年采用此类立法。虽然在农民数据采集项目的设计中实施个人数据保护措施不会带来额外的成本，但在后期实施此类措施的成本要高得多。实际上，它不仅要求更新所有平台组件（数据采集表单、中央存储库等），还意味着要为存储库中的所有成员进行新的完整的数据采集。
- 个人数据保护措施的实施对数据采集任务有重要的益处。事实上，在不了解为什么这些数据要被采集以及将与谁共享这些数据（例如税收风险等）的情况下，农民们不愿提供准确的农业数据。个人数据保护措施所产生的信任关系是成功完成此类任务的关键因素。乌干达茶厂的农民档案项目视频阐明了这一点（农业和乡村合作技术中心，2018b）。

在创建任何数据采集和开发项目的不同阶段，遵守个人数据保护法规和进行最佳实践有3个阶段，即数据采集过程的设计、数据采集、数据利用。

它们也适用于不同的参与者，因为数据采集和开发项目通常涉及不同的参与者：负责信息数据库的组织，如农民组织或合作社；负责实施信息与通信技术要素[①]的技术合作伙伴，如移动数据采集工具、中央存储库应用程序；与被采集个人数据的人直接接触的数据采集者；访问信息数据库以重复使用的第三

① 请注意，以下小节中的大多数建议措施都与基于信息与通信技术的数字存储库的情况有关，其所有信息都集中在一个软件平台中。当使用移动应用程序采集数据或当中央存储库在线时，一些特定的措施适用于特定的情况。

方。有时，一个参与者有两个角色，例如负责数据采集的组织具有信息与通信技术能力，不需要技术合作伙伴。然而，这组参与者在现实项目中是最常见的。

2.4.3.1　阶段1：数据采集过程的设计

准备阶段通常是最重要的阶段，也是措施实施中最重要的阶段。所采集的数据清单完成后，必须执行以下步骤：

**（1）官方声明**

如果法律有要求，首先要做的就是填写官方声明，并提交给法律指定的机构。

**（2）与技术合作伙伴的谅解备忘录（MoU）**

在任何活动开始之前，通常会在负责数据采集过程的组织与技术合作伙伴之间签署一份谅解备忘录。这份谅解备忘录必须有几个特定的部分：

- 关于数据所有权的部分：谅解备忘录应该明确地将数据的全部所有权授予负责流程的组织。技术合作伙伴应明确同意，在没有得到组织同意的情况下，不为自己的商业利益访问及使用数据，或与第三方共享。负责农民数据的组织与对访问和使用数据感兴趣的第三方之间有一些数据共享协议，技术合作伙伴在重复使用数据时，应遵循与其数据共享协议相同的规则和流程。
- 对派出到具有敏感的个人信息及需要完全保密的项目的员工，技术合作伙伴应明确承诺，提高其意识并予以培训。有时技术合作伙伴了解国家需要的行政程序。因此，谅解备忘录可代表负责数据的组织将官方声明的任务分配给技术合作伙伴。

**（3）数据采集和共享协议**

个人数据保护的关键步骤之一是告知当事人数据采集的基本原理、要采集的信息以及与第三方的数据共享协议。为了解决这三点，最有效的方法是设计一个数据采集和共享协议，该协议将整合这些要素，并将其呈现给每个已经被采集数据的个人。协议必须用简单、清楚的术语书写，而不是用法律术语，以便当事人易于理解。对于数据共享方面，需要做一个权衡。列出所有能够访问这些信息的组织，既不实际，也无效率。因为任何新的第三方协议都需要更新协议，并在新版本上获得新的同意。然而，建立信任、明确不同类别的参与者（如公共机构、推广服务提供商、金融机构等）以及这些参与者对信息的授权使用是至关重要的。

**（4）数据访问和验证**

负责的组织必须实现一个任何人都能访问和更新关于自己及业务的所有数据的流程。该流程应在数据采集和共享协议中明确说明并易于人们访问。易于实现此流程的方法是提供电话号码以访问数据并提供更新。

©Adobe Stock/Sezer66

**(5) 退出程序**

作为最佳实践或法律要求，负责的组织应该实行一个任何人都可以退出数据库的流程。如上所述，易于实现该流程的方法是提供电话号码，以便选择退出。

**(6) 数据采集表**

无论是纸质的还是数字化的数据采集表，都应该包括特定的问题：

- 明确采集相关人士已获得数据采集和共享协议的详细介绍并理解它的实施。
- 明确采集相关人士同意参与资料采集的事实。
- 还建议添加一个问题，采集相关人士明白如何退出流程的事实。

**(7) 组织人员的培训**

为确保组织人员了解保护个人隐私的重要性，应就个人数据的敏感性和保密的必要性，培训负责数据库的组织人员。如果当地的个人数据保护法规规定了处罚和制裁，则应将其包括在培训中。

**(8) 数据采集者的培训**

- 应像组织人员一样，就个人数据敏感性和保密性对数据采集者进行培训。在纸质采集的情况下，应包括具体的纸质保护措施。在基于信息与通信技术的采集中，培训应包括保护设备的措施、检测到漏洞后即刻通知组织的需要、不共享访问登录的重要性。
- 数据采集者应该在数据采集和共享协议的呈现方面接受专门培训，这是个人数据保护的基石。

**(9) 移动设备的保护**

在基于信息与通信技术的数据采集中，所使用的软件和移动设备必须使基本的保护特征生效。这包括：

- 使用登录资质访问设备上的数据：许多数据采集工具不需要数据采集者和中央数据库的身份验证来验证移动设备，应禁止这种做法。在这种情况下，如果一个数据采集者丢失了移动设备，任何发现它的人都可以访问平板电脑上已经采集到的个人数据，甚至可能通过发送虚假数据污染中央数据库。即使登录过程很烦琐，它也是一个基本的安全要素。登录还应该包括一段时间不用后的自动退出。
- 远程删除的能力：如今，所有的现代设备都提供了一种在设备丢失或被盗后，远程删除其拥有的所有数据的机制。安卓（Android）或iOS等操作系统为用户提供了一个选择，让其可以声明自己的设备丢失，在下一次在线连接时，便可以删除并锁住设备。然而，这些功能必须在使用前安装和激活。因此，在将设备提供给数据采集者之前，必须做好相应的准备。

**（10）中央数据库的要求**

存储所有数据的中央数据库也应该实施一系列具体的措施。这些措施只与个人数据保护相关，也有些其他要求。它们包括：

- 实施不同的访问级别：确保特定的人只访问他们应该访问的信息。例如，数据采集者应该只能访问有关其调查对象的数据。因此，中央数据库应该实行多维访问机制，以确保不同类别的人都可以使用信息数据库。但他们只能访问被授权访问并在数据采集和共享协议中得到描述的信息。访问层面应至少整合以下维度：
  - 每个类别的信息：数据库应该只允许访问个人记录的子集。例如，可以允许访问关于生产的详细信息，但不能访问个人详细信息（姓名、电话、性别等）。
  - 根据单个记录上的标准：数据库应该根据特定的标准授予对所有记录子集的访问权，如地址、性别、商品等。
- 访问监控和安全漏洞检测：中央数据库应该设置监控流程，检测异常活动并主动检测任何安全漏洞。

2.4.3.2　阶段2：数据采集

在数据采集时，当所有要素都就位时，在开始数据采集之前要执行的最重要的任务是：

- 数据采集和共享协议的介绍。
- 在数据采集过程中获取明确的同意。

只有在完成这些步骤之后，才应该开始采集数据。

2.4.3.3　阶段3：数据利用

当信息数据库被填充时，负责数据库的组织可以授予第三方访问权，使其可以利用和重复使用数据。在这个阶段，最重要的因素是与每个第三方签订谅解备忘录，其中必须包括以下具体的内容：

- 谅解备忘录应包括信息的授权使用、需使用的信息、基本原理和目标。这些要素也必须出现在数据采集和共享协议中。
- 谅解备忘录应明确禁止第三方与任何其他方共享信息，或公布个人信息。
- 谅解备忘录应明确要求第三方就个人资料的敏感性、完全保密的必要性、相关的法律风险和惩罚措施提高认识，并培训访问信息的员工。
- 谅解备忘录应明确要求第三方报告任何安全漏洞。

# 3 数据使用

## 3.1 使用开放数据

网络在逐步发展的同时，也在持续共享越来越复杂的资源和数据，但这给现存范式带来了挑战。万维网一直是信息时代发展的核心，并被视为访问文档和其他网络资源的信息空间（维基百科，2020b）。

以这种方式看待网络，推动了用于人类访问和阅读的文档或网页的发展，截至2020年6月，它们的数量约为54.9亿个（全球互联网规模，2020）。许多文档链接在一起，而这些链接（超链接）为网络增添了价值。在博客、报纸文章或学术论文中，链接用于指向先前讨论的情况或事实来源，帮助用户浏览网络文档。

本节阐明了从文档网络到数据网络的转变，以及如何在网络上发现数据，从数据门户的简单下载，到数据聚合器上的搜索，再到网络抓取和应用程序接口。本节主要是对使用网络数据的一般性技术介绍，提供了使用任何类型的网络数据所必需的基本知识，仅涉及一些农业数据。本章特别适用于为农民开发服务的专业人员，他们需要查找和重用从各种来源获得的数据，例如天气数据或市场数据。

### 3.1.1 不同时代的网络

在网络兴起的初期阶段，文档总量较少，但用户依然需要搜索资料、探索事物。英国开放数据研究所总裁兼联合创始人蒂姆•伯纳斯-李（Tim Berners-Lee）爵士曾首次尝试人工维护索引，用户可以查看搜索列表，进而跳转进入有趣的页面。

随后门户网站被创建，比如DMOZ和早期的雅虎（维基百科，2020c），这些是按特定主题构建的网站和页面列表。随着网络规模的扩大，门户网站不再可行，人们转向元数据搜索引擎，如Altavista（维基百科，2020d）和Lycos（维基百科，2020e），它们使用已在网页中人工设置的元数据并提供文档的相关信息。那时的搜索更具可扩展性，因为页面是自动发现的，但搜索结果不可靠，很容易被操纵。

下一代的网络发现（开放数据研究所，2016）伴随着PageRank式（维基百科，2020f）搜索，例如谷歌（Google），它使用了更多搜索线索，包括内容理解、使用和链接。第三代网络学会了如何查看文档网络，以发现每个文档与用户的相关性。

学习如何构建这些不同类型的搜索至关重要。在搜索成为主要的发现手段之后，文档网络才得以扩展（Jansen和Pooch，2000）。所有这些方法仍然存

在并满足不同的需求，将开放数据放到网络上是其中之一。

### 3.1.2 不同时代网络上的开放数据

早期的开放数据发布技术与同代的文档网络相似。首先创建的是门户网站，例如data.gov.uk和data.sncf.com，它们是按特定主题或组织结构编纂的数据集目录。

随着开放数据数量的增长，数据聚合器开始出现。数据聚合器提供的服务使发现与特定主题或区域相关的数据变得简单，例如enigma.io、欧洲数据门户和transportapi.com。这类服务依靠其他门户、网站和服务提供的元数据，提供数据信息和数据访问服务。

第三代数据搜索引擎仍聚焦作为信息空间的网络，因此我们必须依靠相同的搜索引擎来查找数据和信息。数据搜索引擎的发展仍处于初级阶段，这与在网络中发布数据的方法有很大关系。

### 3.1.3 数据只是网络上的另一种资源

随着网络的不断发展，它开始成为共享多媒体资源的地方。图像、音频和视频的加入释放了流媒体等服务的新潜力。其中音频是先驱，早期网站（如Last.fm）使用音乐曲目相关的元数据为用户提供定制化的推荐。这项技术先于目前使用的许多推荐系统，并构成其基础。Last.fm提供歌曲推荐，但不允许用户自己听音乐。2005年，个性化无线电台应用程序Pandora发布，但允许用户自己听音乐的功能在3年后才得以实现。2008年，Spotify发布，这是第一个使用网络技术在网络浏览器之外提供专门的音频平台的流媒体服务。

Wind forward、web和internet（互联网）是目前交付大量不同资源的平台。谷歌等搜索引擎在网络浏览器中增加了多媒体特定搜索功能，以查找图像和视频，而YouTube等特定门户网站现在通过其网站、应用程序和联网电视提供基于网络的访问。但对于数据来说，情况并非如此。搜索引擎仍然没有特定的数据搜索，也许永远不会有。但在网络上查找数据可能是一个挑战，这一挑战始于数据本身的定义。

图像是某物（图片）的视觉展示。音频文件在播放时会发出声音。视频将多个图像与音频组合在一起以制作运动图片。数据难以定义，因此难以搜索。

信息和知识是从数据这个最低抽象层次衍生而来的。这些是抽象术语，因此数据可以是图像、电子表格或音频文件。另外，如果网络是一个信息空间，那么数据是不是较低层次的东西?

传统上，数据被认为是可以以某种方式分析的电子表格或一组数字。在

网络上，此类数据通常作为可下载的文件通过数据门户进行共享。一些门户网站提供类似YouTube的功能，无需下载即可浏览数据；但是，数据本身仍然是静态资源，上传后可供其他人下载。

虽然数据仍然是静态资源，但第二代和第三代网络服务非常适合收集有关这些静态资源的元数据并在搜索结果中提供条目。静态资源可被直接链接，因此PageRank等算法仍然具有相关性。这种方法适合文档网络方法，其中元数据仍然是可以找到数据的关键方式，这意味着可以使用现有的搜索引擎，通过正确的查询找到数据。

然而，并非所有数据都是静态的。访问购物网站、旅游网站或天气网站时，每次获取的内容可能不同，具体取决于原始数据。在购物网站上，某些产品的价格和库存数量可能有所不同；在旅游网站上，选项的可选性和价格会根据搜索条件而有所不同；天气情况也在不断变化。

为这些网站提供动力的数据非常庞大，而且隐藏在网络中。机器可读数据正在创建一个新的数据网络，专家们称，这有可能开启一个数据时代。也许网络将从一个信息空间转变为一个数据和信息空间。

使用此类数据的应用程序已经非常普遍，从旅行规划、天气预报、购物到游戏，这些应用程序通过交换数据来助其正常运行；然而，这些数据往往是隐藏的，其他人难以访问和使用。

在探索数据网络及挖掘其潜力之前，第3.1节“使用开放数据”的其余部分探索了在文档网络上获取数据的两种方法，以及如何对其进行搜索。

### 3.1.4　政府门户网站

开放数据的历史与管理公共信息访问的法律密切相关。此类法律确保公众有权从提供公共服务的地方获取信息。开放数据运动试图完全逆转这一逻辑。不必请求数据，该数据应该已经“默认打开”；关闭数据集应该需要一个充分的理由。政府和公共服务提供者应积极主动公开工作内容。

另外，许多国家政府加入了开放政府伙伴关系（OGP）。开放政府伙伴关系发起于2011年，旨在为致力于让政府更加开放、负责、积极回应公民的国内改革者提供一个国际平台。开放政府伙伴关系的一个关键部分是承诺“默认开放”和开放数据。这让许多政府开始推出开放数据门户，这些门户是为了保存政府数据并使公众易于访问而构建的。多年来，开放数据活动已经发展到一定程度，政府现在可以根据其活动进展情况和可持续性来进行评分。

万维网基金会的开放数据晴雨表（ODB）在三个方面对政府进行评分：准备、实施和影响。实施环节是通过寻找当前可访问的和最新的关键开放数据集来进行评分的。在2016年的开放数据晴雨表中，实施环节可通过查询以下

15种类型的数据可用性来进行评分：地图数据、土地所有权数据、详细的人口普查数据、详细的政府预算、详细的政府支出、公司注册、立法、公共交通时间表、国际贸易数据、卫生部门的业绩、中小学教育绩效数据、犯罪统计、国家环境统计、全国选举结果、公共合同。

选举结果、政府支出和教育表现等数据集都是具有历史意义的记录。这类数据集本质上是静态的，可以通过门户网站以电子表格的形式轻松下载。同时，这些记录与信息访问的法律联系得更多，且广泛重用的经济潜力较小。

相反，地图、公司和贸易数据等数据集更具动态性，因此它们更适合通过简单的文件下载，获得不同级别的服务。地图数据尤其如此，因为地图数据采用多种复杂格式，且交易数据的文件大小可能超过下载访问文件的合理大小。

农业与许多领域存在交叉，因此门户中存在许多不同的数据集。例如，测绘数据对于土地所有权以外的农业信息至关重要：集水区和径流、土地使用、保护区或限制区等方面都有助于提供信息。

许多政府现在运行“data.gov.XX”格式的门户网站来为政府数据提供中央目录。许多门户网站都有专门的农业版块来提供大量的链接和访问途径供下载数据，这通常与相关政府部门密切相关。

如前所述，在这些门户中查找数据在很大程度上依赖于元数据搜索。因此，每个数据集的标题和描述对于发现数据至关重要。然而，由于门户通常按部门或活动组织，因此查找数据集需要专业领域知识和了解当地政府如何在门户中组织和描述其数据。对于用户来说，先浏览门户网站，了解其组织方式，熟悉其描述数据的方式，从而使用这些新知识进行相关搜索。

### 3.1.5 从“网上”获取数据

如前所述，许多可用的开放数据只能在“网上”获得，要么下载下来，要么保存在网页中。第3.1节“使用开放数据”着眼于发现和挖掘这些可用数据的技术。

**（1）查找可下载的数据文件**

许多供应商会帮助提供可读的下载链接，以获取其数据。政府数据门户上的大多数数据集都以这种方式运行。下面的例子可帮助人们进一步了解它们的工作原理：

- 英国最新谷物库存统计（英国环境、食品和农村事务部，2012）
- 坦桑尼亚农业普查（坦桑尼亚农业部，2020）

包括谷歌在内的许多搜索引擎都提供了高级搜索和前缀功能，以便从上述来源中挖掘数据。高级搜索使用过滤器和前缀来限制搜索类型和结果。前缀和链接示例的列表见表3-1。

**表3–1　高级搜索的前缀**

| 前缀 | 描述 | 示例搜索 |
| --- | --- | --- |
| 文件类型 | 仅搜索特定文件类型 | 文件类型：xls谷物库存 |
| 网站 | 仅搜索特定域名或网站 | 网站：nbs.go.tz.agriculture |
| 相关的 | 搜索已知网页的相关内容 | 相关的：www.gov.uk/government/statistics/cereal-stocks |
| 链接 | 仅列出链接到给定页面的网页 | 链接：www.gov.uk/government/statistics/cereal-stocks |

表中的每个选项都有助于优化用户数据搜索。虽然前两个选项有助于缩小搜索范围，但在找到相关资源后，后两个选项将再次扩大搜索范围。

“相关”搜索可帮助查找其他与已知页面相关的内容。链接到特定数据集的站点可能已经使用了该数据，有助于提供现有的使用情况。鉴于大多数公开许可的数据集都需要归属，如果数据集已被使用，“链接”特定搜索应该返回一些结果。

**（2）数据聚合器**

“网络上”数据面临的主要挑战之一是缺乏在数据本身中搜索的能力。不管文件的格式如何，现有的搜索引擎只支持元数据搜索，音频和视频也是如此，但谷歌确实允许用户使用现有图像进行搜索。

许多数据门户充当聚合器，允许对来自单个数据提供者或集合的数据进行一些搜索。在农业方面，世界银行汇总了许多国家的关键统计数据，并允许对这些数据进行搜索和下载。世界银行的农业和农村发展指标（世界银行，2020a）就是一个例子，将数据汇总在一起可以探究诸如农业用地面积与农村人口等指标，着眼于东非和西非一些国家之间的比较。世界银行的DataBank服务为搜索和下载可使用的数据（世界银行，2020b）提供了便利。当国家门户网站过时或根本不可用时，此类聚合器可以成为开放数据的重要来源。

Enigma.io是2013年Techcrunch Disrupt大会的获胜者（Dickie，2013），它汇集了来自众多开放数据源的数据，并在数据内部实现了精细搜索。这实际上是对数据的反向搜索：它不是搜索元数据来查找数据，而是搜索数据并显示可以找到搜索词的数据集。

**（3）提取器**

有时数据无法以可用格式下载，要么以表格或列表的形式存在于网页内，要么以文档格式（如DPF）而非数据格式提供。在这两种情况下，使用数据提取器可以帮助提取这些可见的数据。

**（4）网络数据提取器**

网络数据提取器允许从网页中自动提取结构化数据。像grepsr[grepsr.com]这样的工具可以在几秒钟内从结构化网站中自动提取数据，包括处理分页和无限滚动结果的能力。目前，此类工具每月的免费信用数量有限，通常每条记录都收取提取成本。

**（5）PDF数据提取器**

另一个经常嵌入有用数据的地方是统计机构制作的PDF报告，通常包含很长的表格数据附录，可使用PDFTables.com之类的工具进行提取。可使用来自坦桑尼亚的一些农业统计数据（农业部，2020）进行尝试：检查数据在PDF报告中的起始位置，将PDF减少到包含所需数据的确切页面，再上传到PDFTables.com等PDF数据提取器。

### 3.1.6 从“网络”中获取数据

网络的发展要求将后端基础设施和数据与表示层分离，例如使用相同数据的网站和移动应用程序。购物、天气和旅游应用程序都为用户提供了各种选项，以便与基本相同的数据进行交互。

这些应用程序都使用专用的数据服务来访问和查询数据。其中许多数据服务都有文档记录以供使用，但仍有许多数据服务由于各种商业或预算原因处于隐藏状态。第3.1节“使用开放数据”研究了不同技术以尝试访问“网络中”的数据，这有助于为此类应用程序提供服务。

**（1）文件类型扩展**

一些网站通过在被浏览网页的URL中添加文件扩展名，提供了一种提取数据的方法。对于此类网站，通常由发布可下载开放数据的组织维护，添加正确的扩展名可以以数据而非文档格式下载该页面。

例如英国政府网站[www.gov.uk]，只需添加相关的扩展名，就可以提供任何数据格式的页面，如添加“.json”后变为www.gov.uk/browse/business.json。将其复制到jsonlint.com，便能以更易于阅读的形式查看数据。

英国贸易关税表也具有相同的功能，包含国际贸易代码的详细信息，这些代码可以连接到税收和海关提供的贸易数据（《建立自己的表格》，2019）。

遗憾的是，少有网站能清楚地表明可以使用其他格式，例如JSON。一个很好的指标是找到具有现代外观的、页面中清楚地包含数据的网站，例如有关个体公司的记录，可以在此尝试此类扩展。表3-2列出了可用于“网络”中数据的常见数据格式。

**表3-2 “网络”中数据的常见格式**

| 扩展名 | 描述 |
|---|---|
| .csv | 逗号分隔值，类似EXCEL表格数据格式，经过精简后只包含简单结构中的数据 |
| .json | JavaScript对象表示法。JavaScript语言固有的分层数据格式，作为HTML5规范的一部分，在网络上广泛使用 |
| .xml | 可扩展标记语言。具有广泛用途的标记规范。与JSON相比，因其复杂性和冗长而受到批评 |
| .rdf | 尽管RDF不应该是一种数据格式，但它定义了一个正式的数据结构，可以采用XML、JSON和CSV格式。使用扩展意味着使用结构，最常见的是数据本身为XML格式 |
| .rss | 另一种特定的XML结构，通常用于定期更新的数据源，如新闻和天气 |

**（2）应用程序接口**

应用程序接口是访问数据的最佳方式之一。应用程序接口是一种服务，最好将其描述为一个系统的“承诺”，即持续不断地向另一个系统提供允许两者交互的服务。因此，应用程序接口与任何其他形式的数据访问相比具有如下优势：

①服务协议。由于应用程序接口是一种服务，这确保了数据的访问，通常可以为希望使用它们的人附上服务级别协议。

②实时访问。应用程序接口提供了一种机制，可以将数据实时包含在应

用程序中。数据应用程序接口最常见的示例是实时传输时间。在单个应用程序编程接口的背后，可以创建数百个应用程序。

③为数据而设计。也许应用程序接口的最大优势在于它们是为数据和机器设计的，而不是为人类设计的。这意味着数据可用性不再受到人类使用网络范式的限制；然而，当搜索的数据可能存在于应用程序接口时，便会带来挑战。

应用程序接口的主要缺点是数据不易立即下载和使用。

一些第三方应用程序，例如enigma.io为实现便捷访问，已经使用应用程序接口从其他服务访问数据，而OpenCorporates等其他服务则允许通过文件扩展名下载数据，作为其应用程序接口的一部分。

具有应用程序接口的服务包括OpenCorporates、OpenStreetMap、Twitter、Flickr和LinkedIn，它们提供对原始数据的直接访问，以及允许分面搜索的广泛查询。

许多开放数据平台都提供了访问数据的应用程序接口，包括Socrata和OpenDataSoft。许多政府和部门都使用这类平台，Socrata的使用范围主要在美国，而OpenDataSoft则遍布整个欧洲。综合知识档案网络（Comprehensive Knowledge Archive Network，CKAN）是一种开源替代方案，它也有一个应用程序接口，尽管在许多情况下，该应用程序接口只允许访问元数据记录。

表3-3包含每个平台的部分示例和一些可用的农业数据集，其中一些如上所述。

**表3-3 开放数据平台和可用的农业数据集示例**

| | |
|---|---|
| CKAN | 网页：https://data.gov.uk/dataset/cereal_stocks_england_and_wales<br>应用程序接口：https://data.gov.uk/api/3/action/package_show ? id=cereal_stocks_england_and_wales |
| Socrata | 网页：https://agtransport.usda.gov<br>应用程序接口：https://dev.socrata.com/foundry/agtransport.usda.gov/sruw-w49i |
| OpenDataSoft | 无农业示例 |

### （3）使用应用程序接口

许多网络应用程序接口采用专为网络设计的REST应用程序接口形式。它有一套特定的指导方针和规则来控制某物是否是RESTful应用程序接口。

从广义上讲，REST应用程序接口需要使用资源标识符，然后与之交互以上传/下载所需的资源。在Socrata示例中，应用程序接口的定位是基于网络的

资源标识符。

REST明确要求机器应该能够更改请求，以请求相同资源的不同表示。这有点像添加文件扩展名，除了被请求的资源不会更改其在网络上的任何位置，因为添加“.csv”会有效地更改URL。

REST应用程序接口只是网络现有超文本传输协议（HTTP）的扩展，但用于数据的除外。因此，可以将请求类型从“GET”更改为“PUT”，然后将结构化数据发送到服务器，通过身份验证，用新数据替换现有数据。自2001年以来，芝加哥市每天使用POST方法向其数据门户发送更新的犯罪统计数据(芝加哥数据门户，2020)。

应用程序接口不仅允许用户访问数据，还构成了提供者数据基础设施的关键部分，允许对数据进行管理并持续更新。

**（4）隐藏的应用程序接口**

不是所有动态加载数据的网站都会公开应用程序接口，但仍有发现它们的可能性，这么做需要懂得大量的技术知识。谷歌引擎通常会发现一些群体，他们可能已经为所需的特定服务构建了一些基础。

由于许多应用程序接口都是基于REST应用程序接口设计的，在许多情况下，熟悉REST应用程序接口的人很容易快速了解一个公共服务系统是否有应用程序接口及其运行方式。这可以通过使用一些REST请求和浏览器扩展来实现，比如Google Chrome的Postman。

开放数据研究所（ODI）的实验性隐藏数据提取器已构建为加载网页时自动寻找交换JSON数据的REST应用程序接口。

### 3.1.7　检查数据使用权

从网络上获取数据的方法很多，可通过下载获取，也可通过公共或隐藏的应用程序接口获取。无论采用何种数据采集方法，都必须核实使用该方法和使用后续数据的权利。

就像数据本身一样，一些权利声明只有人类可读，一些只有机器可读，还有一些两者兼而有之。然而，通常情况下，服务提供商会有一个人类可读版本的使用条款和数据许可证，其中既包括服务的使用条款，也包括获得数据后的使用权。

许多政府数据门户网站将数据许可证作为元数据列出，并与正在查看的记录相对照。例如，在data.gov.uk中所有许可都以可点击的链接形式直接列在数据集标题下。CKAN平台（data.gov.uk是其中一个版本）特别擅长公开权限声明，这有助于用户确保他们查看的数据是开放数据。

Flickr等服务也有针对每张照片的许可证。每个Flickr用户都可以为自己

的照片指定许可证。Flickr甚至提供了一个搜索功能，允许其他人查找具有特定许可证的照片。

如果许可证也是机器可读的，如CKAN和Flickr的情况，那么搜索引擎可以将其用作元数据，这意味着可以立即过滤搜索结果，仅包含公开许可的内容。

如果使用REST应用程序接口，权限声明可能会作为链接头部（开放数据研究所，2013b）的一部分返回，它将权限声明与内容分开，允许回应仍然是纯数据，例如CSV文件。

如果这些选项都不存在，那可能有必要阅读提供商的条款和条件，以确保访问方法和使用数据的权利是被允许的，因为网络上可访问的东西并没有赋予每个人使用它的权利。

信息时代之后，数据时代的发展仍处于早期阶段，专门提供快速访问数据的服务正在发展。

与此同时，提供数据的服务数量也在增长，这反映了网络早期阶段的情况，仍需吸取教训。但是，随着REST等常见应用程序接口的出现，访问数据的方法开始趋于稳定。

数据格式在发展，发现和访问数据的方法也在发展。搜索引擎正变得更加智能，可以定制以执行针对性较强的查询。与此同时，帮助提取和处理数据的工具也在不断发展，因此无论格式怎样，都可以很容易地处理数据。

要求即时访问数据的移动应用程序的发展也增加了可用应用程序接口的数量，虽然其中一些应用程序接口仍然是隐藏的。

很明显，我们生活在数据时代，但我们需要谨慎对待我们使用此类数据的权利；拥有清晰的开放数据许可证对数据基础设施的未来至关重要。

## 3.2 质量和出处

质量和出处是决定数据集可用性的两个重要方面。本节对构成高质量数据集的不同方面进行了广泛地考察，并提供了一些有助于发布高质量可用数据的最佳实践指南。

数据集的质量部分取决于该数据集的历史或出处。数据来源可靠，数据采集方法可靠，或通过已知约束条件的方法进行数据采集，通常比具有受控词汇表或模式的数据集更重要。

虽然数据本质上是技术性的，但并非所有质量测量和要求都是技术性的；确保数据集是机器可读的并不总是意味着它是可用的。最佳实践指南的演变反映了这一点。本节中我们着眼于介绍高质量可用数据集的技术和非技术两个方面。

### 3.2.1 质量标志和措施

评估开放数据的质量需要一定时间。有许多基于社区的标准和质量标志可以帮助评估数据的质量和可用性。

开放数据最先出现的质量标志之一是“链接开放数据的5星”（Berners-Lee，2012）。每颗星的授予是按顺序进行的，首先要求申请数据的开放许可，授予1颗星；其余4颗分为两部分，2颗授予“在网络上”可以下载的开放数据，2颗授予“在网络中”通过应用程序接口即时检索资源使用的数据。除了许可方面，5星指南侧重于数据的技术可用性，缺乏构成高质量可用数据的非技术特性。

同样，FAIR原则也为出版商提供了类似的指导方针。根据这些原则，数据应该是可查找、可访问、可互操作和可重用（FAIR）（FORCE11，2014）。虽然这些原则在很大程度上再次侧重于技术方面，但它们确实列出了一些与出处有关的术语，指出“已发布的数据对象应涉及足够丰富的元数据和出处来源，以实现正确引用”。

5星指南和FAIR原则在第4章“公开数据”中有更详细的描述，本节着眼于由开放数据研究所的开放数据证书定义的可用性和质量的其他方面。

### 3.2.2 开放数据证书

开放数据证书是由开放数据研究所开发和维护的免费在线工具，用于评估和认可持续发布的高质量开放数据。它使用最佳实践指南解决了发布开放数据的法律、实践、技术和社会方面的问题。

与FAIR原则一样，开放数据证书（开放数据研究所，2020）采用了一种与5星方案互补的替代方案。证书用于衡量某人共享数据集以便于重用的效率，不仅包括技术问题，还包括权利和许可、文档和可用性保证。因此，证书可以更全面地评估数据集的发布质量。

对于数据发布者来说，评估数据集的过程可以让他们深入了解如何改进发布过程。因此，评估过程本身很有价值，产生的证书对重用者也很有价值。

#### 3.2.2.1 作为数据重用者

对于数据用户而言，使用时的技术质量可能足以满足他们的特定用途。然而，对于重用者而言，可持续性和技术支持在决策过程中可能比文件格式更占主导地位。重用者需要得到保证，即他们对数据的访问将是持续的和可靠的。开放数据证书要求发布者跳出数据的思维，解决数据支持中的关键政策问题。以下以开放数据证书为指导，提供一个重用者的开放数据清单。该清单分为四个类别，反映了开放数据证书的各个部分。

PLAY STRONG
LIVE STRONG

（1）**合法性**

- 数据获得开放许可了吗？可以合法使用吗？
- 数据模型、格式或结构也获得开放许可了吗？可以合法使用吗？
- 版权声明是清晰的吗？
- 是否描述了任何或部分未经公开许可的数据？
- 是否概述了任何数据使用的隐私和潜在道德约束？

（2）**实用性**

- 数据描述得好吗？
- 采集数据的原因是否明确？
- 发布者对数据的使用是否明确？
- 是否概述了数据的任何其他现有用途？
- 数据是否可访问？
- 数据是有时间戳的还是最新的？
- 数据是否至少一年内可用？
- 数据是否会定期更新？
- 是否有质量控制流程？

（3）**技术性**

- 数据是否以适合内容的格式提供？
- 数据是否来自一致的位置？
- 数据是否结构良好且机器可读？
- 数据中是否定义了复杂的术语和首字母缩略词？
- 数据是否使用模式或数据标准？
- 是否有用于访问数据的应用程序接口？

（4）**社会性**

- 是否存在现有的数据用户社区？
- 数据是否已经被大量的人所依赖？
- 数据是否得到官方支持？
- 服务级别协议是否适用于数据？
- 是否清楚谁维护这些数据并可与之联系？

如果发布者已完成开放数据证书并对其数据应用了质量标记，那么重用者可以快速找到上述重用者清单上所有问题的答案，或者可在认证数据集注册中心获得所有证书的完整列表（开放数据研究所，2013c）。

#### 3.2.2.2　重用者出处指南

到目前为止介绍的所有最佳实践指南都在一定程度上专注于数据生产者，他们已经拥有并管理着元数据。然而，并非所有的开放数据都来源于数据发布者，大量数据来自其他数据。例如，通过对气象数据应用复杂模型得出天气预报。由于有许多气象数据来源，许多组织使用不同的模型来创建预测，这可能会导致即使是基于相同的输入数据，预测也可能大不相同，从而产生潜在的灾难性后果（BBC，2013）。

下面的清单将有助于确定数据集的来源，并有助于确定该数据集的信任级别。

- 数据是否完全由数据提供者所有和制作？
- 是否有其他人提供可比数据进行交叉检查？
- 是否清楚数据来自其他数据来源？
- 其他数据来源是否清晰？
- 其他数据来源是否可靠？与其他数据提供者是否有可比性？
- 在访问点作为开放数据提供之前，是否清楚任何来源的任何数据发生了变化，以及如何发生变化？

遵循这些要点有助于确定不同开放数据源的可信度，甚至可能挖掘绕过当前数据源、跟踪出处回到原始数据源的潜力，而原始数据源可能更值得信赖或提供更完整和更受支持的数据服务。

## 3.2.3 访问后质量检查

建立对数据提供者的信任，获得服务协议，然后访问数据，并不是质量检查过程的终点。一旦获得数据的访问权，就必须核实数据。

检查和准备数据以备使用这一阶段有很多方面需要注意，其中大部分基于技术流程。现阶段，容易在数据中发现问题或不一致之处。此时，与社区建立联系至关重要，以提供和访问质量控制程序，帮助理解数据或解决这些问题。

### 3.2.3.1 数据验证

对数据做的第一件事就是根据任何可用的数据模式和数据结构的描述来验证它。这将揭示文档中可能遗漏的在数据中出现的术语。根据模式验证数据也将有助于验证数据集中是否存在正确的数据。

如果数据没有模式，则可能需要将数据转换为易于应用的格式，或者为数据集构建一个模式。模式是数据的蓝图，它定义了一组与数据资源结构和内容相关的完整性约束和规则。

### 3.2.3.2 设计模式

模式在实现数据广泛重用及自动化重用方面发挥着关键作用。模式定义了三个关键内容：

（1）数据中的列标题：为数据集定义一组一致的列标题对于轻松合并和分析相同类型的数据集至关重要。通常为了省时，列标题会改变或缩短，但这在长期分析数据时会导致很多问题。添加列标题不是什么难题，在分析数据时必须加以考虑。

（2）值类型：定义了列标题后，必须为“值”定义有效的数据类型，例如数字、文本、日期、坐标等。

（3）值约束：定义值的类型后，应该定义有效的约束，例如预期值、唯一值、处于某个单位或在某个范围内的值。例如，列标题可能为“成本（百万英镑）”，因此任何值都应为不带逗号的数字。设置有效范围也有助于避免和解释数据中的任何错误。例如，如果已知成本不能超过1亿英镑，那么可以将“成本（百万英镑）”的范围设置为0.001~100，可防止人们意外误读列标题或单位输入100 000 000，而不是以百万英镑为单位输入100。

3.2.3.3 使用模式

所有电子表格包都允许为与每个列标题相关的数据创建验证规则。但是，很少有电子表格软件包允许在不添加复杂的开发人员扩展的情况下，将模式与数据一起导出以供他人使用。造成这种情况的主要原因之一是模式和分层数据库之间的联系，这种联系可以追溯到由埃德加·科德（1970）设计的早期数据库。

模式是数据库的关键部分，其中多个表与预定义的关系链接。从那时起，该理论模型一直在引领实践，并在技术上应用于关系数据库包，如MySQL。

可扩展标记语言作为共享数据机制的发展出现在1996年，2001年发布了现在流行的XML模式规范，使共享一致的和可验证的数据变得正式。20世纪90年代中期到2000年末，在某种程度上直到今天，XML仍是表示可交换数据的首选标准，旨在实现机器可读和人类可读。表3-4是从数据集获取的一些数据的示例（此处以表格形式显示）。图3-1以XML格式显示了相同的数据，以及相关的模式摘录。

**表3-4 示例数据**

| 名字 | 姓氏 | 乐器 | 出生日期 |
|---|---|---|---|
| 约翰 | 列侬 | 声乐 | 1940-10-09 |
| 保罗 | 麦卡特尼 | 低音吉他 | 1942-06-18 |
| 乔治 | 哈里森 | 吉他 | 1943-02-25 |
| 林戈 | 斯塔尔 | 鼓 | 1940-07-07 |

**XML**

```xml
<People>
  <Person>
    <FirstName>John</FirstName>
    <LastName>Lennon</LastName>
    <Instrument>Vocal</Instrument>
    <DateOfBirth>1940-10-09</DateOfBirth>
  </Person>
  <Person>
    <FirstName>Paul</FirstName>
    <LastName>McCartney</LastName>
    <Instrument>Bass Guitar</Instrument>
    <DateOfBirth>1942-06-18</DateOfBirth>
  </Person>
  <Person>
    <FirstName>George</FirstName>
    <LastName>Harrison</LastName>
    <Instrument>Guitar</Instrument>
    <DateOfBirth>1943-02-25</DateOfBirth>
  </Person>
  <Person>
    <FirstName>Ringo</FirstName>
    <LastName>Starr</LastName>
    <Instrument>Drums</Instrument>
    <DateOfBirth>1940-07-07</DateOfBirth>
  </Person>
</People>
```

**XML 模式摘录**

```xml
...
<xs:simpleType name="birthsDate">
 <xs:restriction base="xs:date">
  <xs:minInclusive value="1800-01-01"/>
  <xs:maxInclusive value="2017-07-31"/>
  <xs:pattern value=".{10}"/>
 </xs:restriction>
</xs:simpleType>
<xs:simpleType name="instrument">
 <xs:restriction base="xs:token">
  <xs:enumeration value="Vocal"/>
  <xs:enumeration value="Guitar"/>
  <xs:enumeration value="Bass Guitar"/>
  <xs:enumeration value="Drums"/>
 </xs:restriction>
</xs:simpleType>
...
<xs:complexType>
 <xs:sequence>
  <xs:element name="FirstName" type="xs:string"/>
  <xs:element name="LastName" type="xs:string"/>
  <xs:element name="Instrument" type="instrument"/>
  <xs:element name="DateOfBirth" type="birthsDate"/>
 </xs:sequence>
</xs:complexType>
...
```

图3-1 XML格式的示例数据及相关的模式摘录

资料来源：联合国粮食及农业组织，2020。

这种模式可以被机器用来自动验证数据集的结构和内容。还有一个在线验证工具（Briganti，2020），可用于上述两个示例。

2005年对网络数据来说是重要的一年，XML已被广泛采用，且出现了Ajax（Garrett，2005）。Ajax代表Asynchronous JavaScript and XML，是一组使用JavaScript将数据动态加载到网络应用程序中的网络开发技术。其最初目标是允许在网络应用程序中动态使用XML数据，进而鼓励发布数据。在实践中，现代应用程序通常用JSON代替XML，因为JSON具有JavaScript的原生优势，因此使用速度提高了21%，且大大减少了冗长的数据。

与XML类似，json.org提供了一个JSON模式规范；然而，这项技术目前还没有XML模式规范那么完善，并且缺乏验证输入范围的能力，例如允许的最小值和最大值。图3-2显示了与XML示例相同的数据，这次是JSON格式，并带有等效的JSON模式。

**XML**

```
[
 {
  "FirstName": "John",
  "LastName": "Lennon",
  "Instrument": "Vocal",
  "DateOfBirth": "1940-10-09"
 },
 {
  "FirstName": "Paul",
  "LastName": "McCartney",
  "Instrument": "Bass Guitar",
  "DateOfBirth": "1942-06-18"
 },
 {
  "FirstName": "George",
  "LastName": "Harrison",
  "Instrument": "Guitar",
  "DateOfBirth": "1943-02-25"
 },
 {
  "FirstName": "Ringo",
  "LastName": "Starr",
  "Instrument": "Drums",
  "DateOfBirth": "1940-07-07"
 }
]
```

**XML 模式摘录**

```
{
 "fields": [
  {
            "name": "FirstName",
            "type": "string",
            "constraints": {
              "required": true
            }
  },
  {
            "name": "LastName",
            "type": "string",
            "constraints": {
              "required": true
            }
  },
  {
            "name": "Instrument",
            "enum": ["Vocal", "Guitar", "Bass Guitar",
 "Drums"],
            "constraints": {
              "required": true
            }
  },
  {
            "name": "DateOfBirth",
            "type": "string",
            "format": "date-time"
  }
 ]
}
```

图3-2 JSON格式的示例数据以及相关的模式摘录

资料来源：联合国粮食及农业组织，2020。

CSV和JSON格式的挑战之一是需要有数据和模式两个文件，这通常带来的可预见的情形是：数据得到了维护和共享，但模式却被遗忘和丢失。使用名称空间和链接数据在一定程度上可以提供解决方案，但是主要问题仍然在于在现成的数据管理包中缺乏此类标准的集成。

像Excel这样的电子表格软件包往往会使格式化数据和设置验证规则变得过于复杂，正如在Airtable[Airtable.com]等工具中轻松设置它们所证明的那样。但是，目前无法实现模式导出，也无法使用名称空间和链接模式。

对于数据库软件和不受严格定义关系模式控制的noSQL数据库结构来说也是如此。虽然在管理大型数据集时，迁移到新的平面数据库结构有利于提高速度，但仍然很少使用名称空间来定义模式。

模式显然有其优势，应该在组织严重依赖高质量数据的情况下采用。

#### 3.2.3.4 数据清理

处理任何数据最大的挑战之一都是处理错误。因为数据可能会在几年内发生变化，通常数据发布者甚至不会注意到错误。在其他情况下，错误可能是数据输入时人为错误造成的，例如输入错误或缩写错误。

即使模式可用，数据中也可能存在错误和不一致之处。在处理数据时，了解如何发现错误并加以纠正以使数据更加有用至关重要。

以下介绍一些数据错误和不一致的例子，以及哪些可以通过模式验证进行修复，哪些则需要更高级的工具，如Open Refine。

**（1）错误的日期格式**

日期的书写方式可能不一致，标准也可能不同。最大的困惑之一是美国和英国的日期书写方式不同。在美国，先是月，然后是天（例如12/30/2017），然而在英国则是相反的（例如30/12/2017）。当日期大于12时，这一点很容易被发现，但在其他情况下可能会引起混淆（例如6/7/2017）。

ISO8601标准规定了一系列日期和时间的书写规则，以解决此问题和其他问题。ISO8601规定日期必须先写年（例如YYYY-MM-DD HH:ii:ss）。这种格式不仅易于阅读，而且还可以作为一种按日期顺序排序的方式，将最重要的因素排列在前。

由于日期很复杂，多年来一直在努力向用户隐藏日期管理。例如，如果在Excel的任何常规单元格中键入“8-7”，它将自动将其转换为日期，并将“08 Jul”保存在CSV中，而这并不是ISO标准。将单元格格式化为日期允许的特定格式化，仍然可能混淆美式和英式日期，并且只有内容在单元格中左对齐（不正确）或右对齐（正确）时才可见。更令人担忧的是在将CSV数据导入Excel时会发生的事情：例如，ISO标准日期（YYYY-MM-DD HH:ii:ss）将转换为惯常的日期格式（DD/MM/YYYY HH:ii:ss），在编辑完Excel后，除非在保存之前已经更改了格式，否则该格式将保存到文件中。大多数用户完全不知道Excel在显示数据之前已经进行了这种转换。

日期很难管理，尤其是当软件代表用户进行假设时。模式可以提供帮助，前提是数据与所需的格式匹配，并且不会在中间的某个地方发生转变。

**（2）多重表述**

在输入数据时，人们通常缩写术语来节省时间。若这些缩写不一致，可能会导致数据集出现错误。使用可接受术语的枚举预定义列表模式在这里会有所帮助，前提是用户无法轻易添加列表从而重新创建相同的错误。

这一类别中存在的其他错误包括大写、空格、性别和名词复数的差异（例如councilman和councilmen），都可能导致怪异的问题。

**（3）重复记录**

重复记录是指同一条数据被多次输入。当数据集被合并时，或是不知道已经存在一个条目时，就会出现重复记录。此外，当一个人以两个名字被提及时，如Dave和David，也可能会出现记录重复。这就需要消除歧义以明确出版物的作者是否为同一人，模式验证无法捕获此类错误。

**（4）冗余或组合数据**

冗余数据是指与数据集内容无关的一切数据。通常数据集是为特定目的而创建的，有些细节并不是必须要有的。常见的冗余数据包括代表总量的行。当Excel中的数据集导出为其他格式，却未先删除“总计”行时，通常会出现这种情况。有时会合并或复制数据列，以帮助人类阅读。

**（5）数字尺度的混合使用**

数据集中的数值通常使用不同的尺度，以便于人类阅读。例如，在预算数据集中，单位通常以百万计。1 200 000美元经常变成1.2百万美元。然而，800 000美元等较小金额仍全额写入。对于机器来说，这意味着它们将更大的数字读取为1.2美元，因此会出现错误；或者，如果该列的单位为百万，则第二个数字为800 000 000 000美元。

遗憾的是，模式并不擅长捕捉此类错误。这是因为所有的数字都可能是数值，错误可能出现在任何级别。为“值”设置边界可能会有所帮助，但无法解决问题。在收集或使用数据时，明确计量单位对于保证数据一致性和确保错误不会发生至关重要（Witkin，1983）。

**（6）数值范围**

数据有时是按范围来衡量的，比如年龄或工资范围。为了让机器了解数值范围用于分析，就必须将高值和低值分开。如果数据在这些年来发生了变化，例如人们的年龄或退休年龄增长，甚至可能需要创建新的组别。

**（7）拼写错误**

如果数据中有大量自由文本，那么检查拼写是否一致就至关重要了，因为要确保可以与其他数据集进行分析。例如colour和color，拼写可能不“统一”，但是应该明确一个选项，前后保持一致，以允许数据集具有可比性和可互操作性。

在查找数据中的错误时，可能需要在许多工具中下载和上传数据集进行清理和处理。记录所做的更改与他人公开分享也很重要，这样每个人都可以从这项工作中受益，尤其是当要清理的数据是已发布的现有开放数据。我们已经研究了许多模式验证工具，但还有许多其他工具可帮助清除杂乱的数据。OpenRefine是一种旨在处理未清理数据的软件工具。该工具是一个基于列的浏览器，允许在单个操作中修复整个开放数据集的错误，包括日期格式、多重表示、重复记录、冗余数据、混合数字尺度、混合范围。OpenRefine是清理数据的关键工具，但有时更容易修复电子表格程序中的拼写错误、冗余数据、数字验证、修复转换数据等错误。其他工具还有Drake、Data Wrangler（美国斯坦福大学和伯克利大学联合开发的工具）、Data Cleaner、WinPure。

要使数据可用，仅是技术上出色，远远不够。许多指导方针试图简化数据真正可用的要求，每个指导方针都有其优点。根据开放数据证书创建的检查表显示了生成高质量可用数据的挑战难度。开放数据证书旨在评估使用最佳实践指南发布的开放数据的法律、实践、技术和社会特性，但忽略了交叉检查数据源以确保使用的是正确数据。数据来源十分关键，但在数据集上很难完全顾及到。

一旦在数据集中建立了信任，下一个挑战就是验证其内容。在某种程度上，创建和使用模式和数据验证器有所帮助，但清理和验证数据的需求（很可能是手动操作）并不会很快消失。事实上，如第3.3节“数据分析和可视化”所述，准备数据进行分析的过程可能占到80%的时间。

## 3.3 数据分析和可视化

本节着眼于数据分析和可视化的下一个阶段。与其他部分一样，所需的知识将因分析和可视化的确切对象不同而有较大差异。目的是针对这两个主题采取务实的方法，提供一个广泛的分析理论，产生清晰的具有影响力的视觉效果。实际示例侧重于电子表格中的定量数据分析和基于特征提取的定性数据分析。

### 3.3.1 数据分析的目的

原始的、未经处理的数据通常很混乱，还没有做好可视化准备。本节研究了可将数据转化为信息的多种技术。

#### 3.3.1.1 派生与特征提取

派生和特征提取的相似之处在于，它们旨在被添加到现有数据中，不需要借助外部数据集。这就需要在数据中添加额外的列（或特征），而它们仅基于现有的数据产生。

**（1）派生**

派生数据元素是指使用数学、逻辑或其他类型的转换（例如算术公式、组合、聚合），从其他数据元素派生的数据元素。

例如，元数据可能包含一系列月度支出列，所有月份的总和可以再增加一列。因此，此列是从其他列派生而来的。

**（2）特征提取**

特征提取与派生数据非常相似，但不一定涉及函数。例如，可以从非结构化地址数据列表中提取城市，使城市成为数据集的一个独特特征。同样，也可以在不使用数学函数的情况下提取图像中心像素的颜色。关于Excel的特征提取，有简短教程可供参考（《如何从Excel的单元格中提取部分文本字符串》，2020）。

#### 3.3.1.2 合并数据集

在合并数据集时，是向现有数据添加数据，不是指在现有数据集的末尾添加额外的数据，这样操作只能叫作整合。

如果使用电子表格，将两个各10列的数据集组合在一起会形成一个具有19列的数据集。只有在两个数据集中有一个数值相同的列时，才能以这种方式合并数据。此列就是合并数据的关键所在。

以道路和一天中各小时的汽车数量为例。各小时是一列，每条路是一行。如果有多个数据源，例如所有单独收集的数据源的时间不同，则可以键入道路名称，将所有数据合并到单个数据集中。

可以了解如何在Excel中合并两个数据集（《使用公共列合并两个Excel文件》，2020）或在Open Refine中合并两个数据集（Hirst，2011）。

#### 3.3.1.3 扩充数据集

合并数据时，两个数据集可以基于一个公共特征进行合并，例如道路名称，同样的方法也适用于地理数据。两者一个很大的区别在于，可根据地理位置合并地理数据，并将一个地理点放置在边界内，这个过程被称作空间连接。

当查看不同建筑物或服务站的地理特征，并将其映射到管辖区域以查看是否出现任何布局时，空间连接会发挥作用。例如，可用来观察不同委员会控制地区的学校是否表现出显著的不同之处。

更多关于扩充和连接地图数据的信息，可使用CartoDB提供的优秀指南（CARTO，2020）。

地理编码是准备地理数据以进行分析的另一个重要阶段。它是指获取街道地址等物理位置的标记或说明，并将纬度和经度等实际物理位置坐标添加到数据中的过程。反向地理编码则正好相反，是从坐标中提取描述（例如伦敦）。地理编码还可以指从一个坐标表示系统转换到另一个坐标表示系统的过程，例如从东到北、从纬度到经度。在尝试分析地理数据和执行空间连接等其他操作时，地理编码是必不可少的。

### 3.3.2 定性和定量数据分析

数据中讨论的统计分析主要有两种类型：定性和定量。简言之，定性研究处理开放式、通常是基于文本的数据，而定量研究则试图侧重于研究客观、可测量的以数字或其他结构化数据为形式的数据。表3-5显示了这两种研究之间的一些主要差异（来自开放大学）。

**表3-5 定性与定量研究**

| | 定性研究 | 定量研究 |
|---|---|---|
| 知识类型 | 主观的 | 客观的 |
| 目的 | 探索的和观测的 | 可归纳的和试验的 |
| 特性 | 灵活的 | 固定的和控制的 |
| | 语境描写 | 自变量和因变量 |
| | 动态、持续的变化观察 | 变化前后的测量 |
| 取样 | 目的性的 | 随机的 |
| 数据采集 | 半结构化或非结构化的 | 结构化的 |
| 数据性质 | 叙述、引用、描述 | 数字、统计数字 |
| | 价值的独特性 | 可复制的 |
| 分析 | | 统计的 |

资料来源：救助儿童会和开放大学，2014。

尽管表3-5将定性研究和定量研究描述为截然不同的两种研究方式，但在实践中，两者通常相互结合或相互借鉴。例如，一个调查问题可以在1～10的范围内回答，但是该问题可能会受到个人偏见的影响。即使是数羊这样简单的事情也可能有风险：如果田里也有小羊羔，这些算作羊吗？什么时候会变为成羊？

#### 3.3.2.1 分析定量数据

优秀的定量研究员将寻求维持对不同变量的控制水平，并仔细定义被测量样本的范围和大小。他们还将尝试消除或接受其他因素对样本的影响，并在研究中明确表述这一点。

研究中最重要的方面之一是获得具有统计学意义的结果。统计学意义在本质上是一种衡量方法，它表明分析结果纯属偶然的概率小于5%。抛硬币并测试硬币是否有偏重可以很好地解释这一点，硬币是否有偏重可通过简单的零假设来测试。零假设是一种关于世界的说法，可以看似合理地解释观察到的数据，例如“硬币没有偏重”。抛100次硬币，若只出现一次正面，那可以明确地否认零假设并认为硬币有所偏重。但若在100次硬币抛掷中有51次是正面呢？或者抛10万次，有5.1万次是正面呢？这两者中的任何一个都可以是随机结果，还是硬币有所偏重？

结果是否显著可由两种方法计算，一种是统计显著性计算，另一种是Z分数计算。不管采用哪种方式，我们试图计算的是：如果结果超出了95%这个零假设正确的范围，就证明它是错误的。由于大多数定量数据可以映射到正态分布，因此这决定了结果是否具有统计学意义。

95%的置信水平意味着如果统计显著性的计算落在正态曲线面积的95%之外，则零假设错误。Z分数用于计算样本距离均值有多少个标准差。因此，在抛硬币的情况下，假设硬币没有偏重，基于不同的翻转次数，结果见表3-6。随着样本量的增加，可以观察到硬币抛掷中出现正面占比的显著变化。

**表3–6　样本量**

| 硬币 | 翻转 | 百分位数 | Z分数 | 是否有偏重 |
|---|---|---|---|---|
| #1 | 100 | 51% | 0.20 | 否 |
| #2 | 100 | 60% | 2.00 | 是 |
| #3 | 50 | 60% | 1.41 | 不显著 |
| #4 | 50 | 65% | 2.12 | 是 |

样本量是一个关键因素，它有助于消除其他因素产生影响的可能性，例如硬币总是以相同的方式、相同的力、从相同的位置投掷。但当样本量较小时，一些测试可能需要对相关因素进行绝对控制，例如比较名贵手机的抗碎性（Smith，2017）。

由于大多数定量分析都集中在平均值上，因此样本量对消除数据中异常值的影响至关重要。此外，为数据集选择最具代表性的平均值也很重要，若数据中存在异常值，平均值就不能总是准确地反映数据情况。

然而，影响结果显著性的不仅仅是样本量，在宣布结果显著性之前，还需要先消除其他因素：

**（1）波动**

随机事件会聚集在一起，因此要记住波动也很重要。一枚硬币抛掷出了一连串正面并不意味着会出现更多的正面，除非硬币有所偏重。交通事故也是如此，在事故多发区安装测速摄像头并不一定与随后事故的减少相关。

**（2）目标**

虽然大多数数据是正态分布的，但目标对人们的行为有着深远的影响。一旦引入一个目标，人们就会操纵结果来匹配这个目标。例如，美国的一家医院只对病情较轻的患者进行手术，这样他们就可以成为最成功的医院，获得资金支持。

**（3）相关性**

似乎存在相关性并不意味着就存在相关性。比如，香蕉价格与死于被床单勒死的人数密切相关，或太空、科学和技术支出与上吊、勒死和窒息自杀之间有99%的相关性（Vigen，2020）。

**（4）百分比**

百分比通常可以让小的数字看起来很大。例如去年与手机有关的癌症病例增加了100%，即从1上升到2。百分比的另一个问题是，许多人混淆了百分点和百分比。例如，英国增值税从17.5%上涨了2.5个百分点，则达到20%；若上涨了2.5%，实际数值则是17.937 5%。

**（5）非标准化数据**

一个常见隐患是不调整浮动变量的数字。例如，令人十分震惊的是，预计到2030年全球癌症发病率将增加75%（ecancer，2012）。但这个百分比是根据原始人数计算得出的，并未根据人口增长进行调整。又如，一个部门或服务的支出每年都在增加，但并未考虑到通货膨胀，因此这种支出的实际值其实在下降。

无论使用哪种技术来分析定量数据，获得真正客观的数据结果都需要付出巨大的努力，即使数据主体是一枚简单的硬币。

#### 3.3.2.2 分析定性数据

并非所有数据的形式都是结构化表格或定位精确的地理数据。通常定性数据最难分析和处理。定性数据是无法测量的信息，因此非常主观，甚至颜色也可能是主观的（维基百科，2020g）。

定性数据分析的主要目的是减少并解释来自不同源头的大量信息。这种分析的结果是对数据进行解释、释义或专题总结。定性分析的输入有多种形式，包括采访记录、文件、博客、调查、图片、视频等。

对于那些想自然而然地将输入信息提炼为主题和关键结果的人来说，尤其是会议或小组讨论，定性数据分析是一个更自然的过程。人们通常会使用思维导图来将宽泛的讨论归类为关键主题。

定性数据分析应关注口语语境、观点的一致性和矛盾性、评论的频率和强度及其特殊性，以及新出现的主题和趋势。

分析定性数据的方法主要有两种：

- 框架分析包括建立一套明确反映目标和兴趣的预定义标准。使用这组标准，可以从数据中提取相关信息，并与框架中的其他输入进行比较。使用框架可以让许多研究人员进行提取，同时将定性分析偏差的可能性降至最低。在框架设计阶段仍然可能会有偏差，导致关键信息丢失。
- 主题网络分析更具探索性，它鼓励对所有输入数据进行分析，这可能会在意想不到的方面影响输出。实际上，大多数定性数据分析会将这两种方法结合。

无论选择哪种方法，任何定性数据分析的第一步都是熟悉数据：阅读和重新阅读回应。通过写下试图减少和解释数据的关键字和主题来开始编码数据是明智之举。编码过程的结果可以是主题网络分析或所有回应都需要编码的框架。无论哪种方式，编码都可能是一个长期、缓慢且重复的过程，但有许多工具可以帮助进行主题网络分析。例如，实体识别工具提供了一种可以帮助分析和丰富定性数据的技术。本质上，实体识别旨在将文本中的命名实体定位及分类为预定义的类别，例如人名、组织、位置、时间表达、数量、货币价值、百分比等。此类实体识别很大程度上被诸如TheyWorkForYou[theyworkforyou.com]等服务使用，用于跟踪政治家的活动并以简单的方式提供给公众。Calais是一个很好的在线工具示例，它可以执行实体识别并提供指向每个主题的附加数据链接。其他技术可能操作更简单但结果同样有效，例如词云生成器。

### 3.3.3 数据可视化

另一种快速解释数据的方法是将其可视化。与文本相比，人脑更善于消化理解以视觉形式呈现的数据。

现代数据可视化中使用的大多数图表源自政治经济学家威廉·普莱费尔（William Playfair，1759—1823）的原始设计。普莱费尔发明了几种图表：1786年，经济数据的线、面积和条形图；1801年，饼状图和圆图被用来显示局部与整体的关系。

选择使用哪种可视化技术取决于可视化的目标和要可视化的数据的类型。本节探索了不同的目标和适合每个目标的可视化类型，并进行了举例说明。

#### 3.3.3.1 数据可视化的目标

数据可视化的目标是清晰有效地向用户传达信息。

弗里德曼（2008）指出："数据可视化的主要目标是通过图形手段清晰有效地传达信息。这并不意味着数据可视化需要看起来很无聊才能具有功能性或非常复杂才能看起来很漂亮。为了有效地传达想法，美学形式和功能需要齐头并进，通过更直观的方式传达其关键信息，将洞察力融入相当稀疏和复杂的数据集。然而，设计师往往无法在形式和功能之间实现平衡：创造出华丽的数据可视化效果，却无法实现交流信息的主要目的。”

数据可视化的主要问题之一是主题广泛，涵盖了为不同目的而设计的各种不同的可视化。通信只是数据可视化的一个目标。数据可视化也可以在数据分析阶段使用，以帮助理解数据并指导分析。

如果数据可视化的主要目标是传达信息，那么可视化应该能够做到这一点，使读者不需要任何解释性文本或附加说明。图3–3显示了来自Wikipedia的数据可视化页面（维基百科，2020h）的示例。

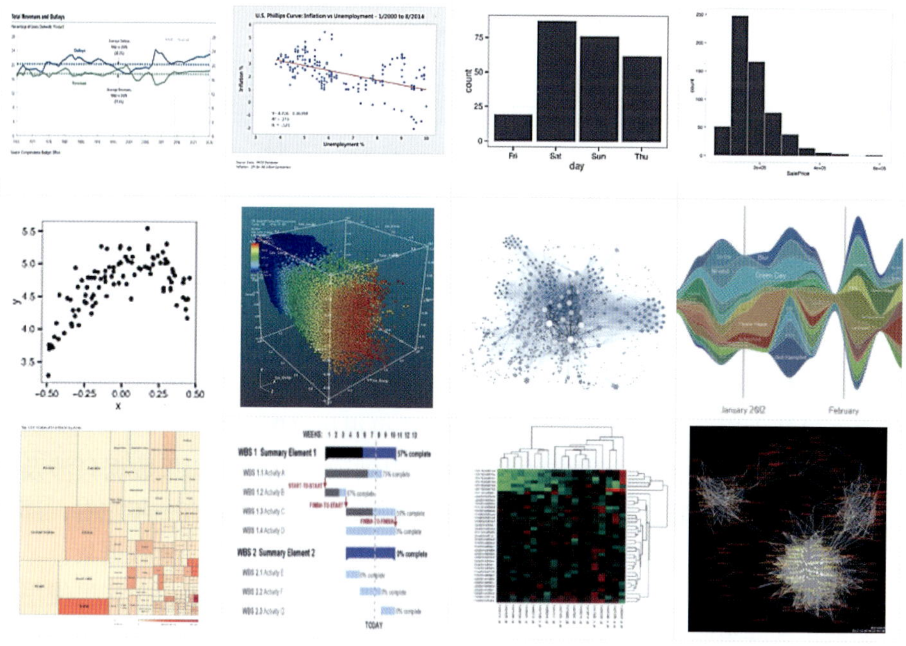

图3–3　数据可视化示例

资料来源：维基百科，2020h。

对于即时通信数据来说，只有条形图（右上）和树形图（左下）达到了良好的可视化效果。因为这两种图表都使用了一种称为“弹出”的可视化技巧。“弹出”有助于立即将眼睛引导到正确的位置，并且人眼会被更明亮的颜色、更大的物品和差异突出的事物所吸引。这一特征已被编程到视觉皮层。

在视觉皮层内部有两条流：腹侧流，即“是什么”；背侧流，即“去哪里/如何”。正是这种背侧流实时处理眼睛接收到的周围环境信息，我们才可以在危险情况下立即做出反应；正是背侧流在寻找事物的位置以及它们与其他事物的关系，才使得弹出工作如此迅速。相反，腹侧流负责弄清楚事物“是什么”。这是一个缓慢得多的过程，也是为什么一个人可能会认出另一个人的脸，但却不能说出这个人的名字的原因。

用于通信的最佳的数据可视化吸引了背侧流，使信息弹出。如果可视化需要使用腹侧流来帮助语境化信息，那么个体很可能会对信息进行不同的解读。在任何可视化中，都必须去除任何无关的干扰，以免影响所传达的信息。

3.3.3.2 为数据选择正确的可视化

选择正确的数据可视化取决于数据类型和要传达的信息这两个关键方面。表3-7列出了三种主要的数据类型。

**表3-7 数据类型**

| 数据类型 | 描述 | 示例可视化 |
|---|---|---|
| 时间序列 | 在一段时间内观察相同的对象 | 折线图、运动图、极区图、甘特图、条形图 |
| 人口 | 在一个时间点观察不同的对象 | 条形图、地图、树形图、饼图 |
| 多变量 | 在不同时间点观察不同的对象 | 多维运动图、条形图、树形图 |

以东非共同体布隆迪、肯尼亚、卢旺达、南苏丹、坦桑尼亚和乌干达的谷物产量数据为例，这些数据可以从世界银行（世界银行，2017）获得。由于其多变量的本质，这些数据可以以多种方式可视化（图3-4）。

世界银行提供的每个国家的数据可以追溯到1961年。如果数据只涉及一个国家，那么我们将拥有一个时间序列数据集；如果数据只有一年左右，那将是一个人口数据集；如果两者都存在，那该数据集是一个多变量数据集。

相反，条形图（图3-4）在单个时间点对各国进行了比较。在这里使用相同的颜色意味着眼睛不会被某一个国家吸引，而是专注于图形大小。也许这里最突出的是乌干达与卢旺达、坦桑尼亚与肯尼亚、布隆迪与南苏丹这三个分组。然而时间序列折线图告诉我们，随着时间的推移，这些分组对比可能并不重要。

数据分析和可视化是一个困难且复杂的话题。考虑到数据的多变量性质，以及现在许多数据集都“很大”的事实，多变量问题会成倍增加。

选择正确的分析技术还与数据采集技术密切相关，以确保偏差在任何可能出现的地方受到限制。应仔细考虑数据采集及分析将如何受到政策目标等外部因素的影响。

数据可视化还应避免引入偏见或任何误导观众的情况发生。鉴于眼睛将在几分之一秒内处理可视化，因此应仔细设计可视化以确保准确传达关键信息。

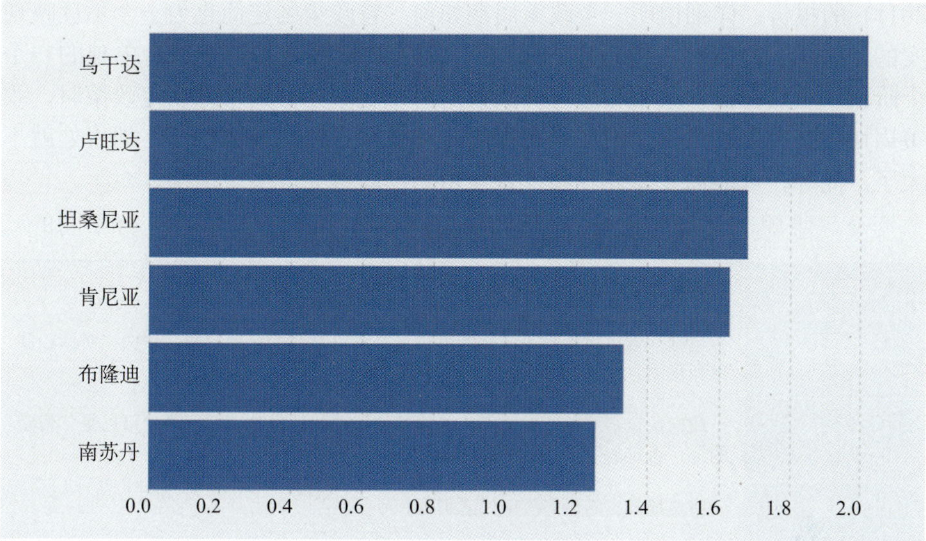


图3-4 2014年东非共同体谷物产量的人口条形图

资料来源：世界银行，2017。
译者注：2016年，南苏丹正式加入东非共同体。

## 3.4 政策周期中的开放数据

政策周期是用于设计和交付政策的工具。虽然它源于公共部门，但在落实公司或部门范围的政策时，私营部门组织也可以使用它。

政策周期模型有不同的变体，它们在很大程度上取决于阶段分解的粒度，以及使用周期的组织的需求。

然而，正如安德森（1974）所指出的，政策周期大体上有五个关键步骤：议程设置、政策制定、做出决策、政策执行、监测和评估。议程设置是政策周期的第一步，这一阶段的重点是确定需要政策干预的问题或愿景。议程设置之后是政策制定，它通常是政策周期中最长的阶段，涉及从数据分析到深入研究以及与广泛利益相关者协商的方方面面。政策制定后是做出决策，在该阶段会讨论各种不同的选择，以及在政策实施前要考虑的外部因素。监测和评估是政策周期的最后一步，是帮助评估政策成功与否的关键步骤，并改善或改变政策制定议程，适应政策创造的新环境。安德森（1974）给出了各阶段的定义，见表3-8。

值得注意的是，英国政府研究所（United Kingdom Institute for Government）撰写了一份名为《现实世界中的政策制定》（Hallsworth，Parker和Rutter，

2011）的报告，详细说明一个政策周期如何“将政策制定简化为一个不反映现实的结构化、逻辑化、条理化的过程”，因为政策制定往往不适合单独的一个个阶段。虽然在设计政策和思考开放数据可以在哪些方面帮助制定政策时，政策周期会是有用的工具，但如果所需的行动方案不适合整体阶段，那用处就不大了。此外，可能需要重复步骤，或使用一项政策完成多个周期。

**表3–8 安德森（1974）确定的政策周期阶段**

| | |
|---|---|
| 问题识别 | 将某些主题识别为需要政府进一步关注的问题 |
| 政策制定 | 包括探索可用于解决问题的各种选择或可替代的行动方案（评估、对话、制定和巩固） |
| 做决策 | 政府决定最终的行动方案，是维持政策现状还是改变它（决定可以是“肯定的”、“否定的”或“不采取行动”） |
| 实施 | 将早期做出的最终决定付诸实施 |
| 评价 | 根据感知到的意图和结果评估公共政策的有效性，政策参与者试图通过检查其影响和结果来确定行动过程成功与否 |

### 3.4.1 将开放数据应用于政策周期

#### 3.4.1.1 议程设置

在政策周期内，数据可帮助识别问题，对当前正在发生的事情提供现实的看法并根据当前情况做出决策。如果没有数据作为输入端，它只能对正在发生的事情做出最佳猜测。借助开放数据，任何人都可以访问、使用、共享数据，因此更多人可以从更广泛的可用资源中做出更明智的决策。

使用开放数据帮助识别问题也被称作使用开放数据作为输入端，例如荷兰的GroenMonitor使用植被地图保护作物免受虫害暴发的困扰。害虫经常损害作物，影响农业生产力。仅通过人工检查很难在大型农场发现老鼠和其他害虫。GroenMonitor是一种显示荷兰当前植被地图的工具，该工具基于欧洲航天局（ESA）公开提供的卫星图像和地图，方便识别虫害并迅速地缓解灾情。2014年，GroenMonitor帮助找出了12 000公顷受鼠害影响的田地。该工具现被用于其他应用程序，包括植物物候学、作物产量识别、农业活动识别、自然和水资源管理等，其中农业活动有割草、耕作和收割等。

当使用数据来帮助做出明智的决策时，无论数据是否公开，对数据质量的信心都至关重要。输入不良数据将会降低政策议程质量。然而，拥有高质量数据不意味着数据准确无误。

高质量的数据也应该是及时的：使用最新的数据集，或使用依旧与决策或政策相关的数据。例如，2005年美国作物的价格在当前的决策中可能无关紧要，除非需要该数据来衡量卡特里娜飓风对美国作物价格的影响，并用其进行比较以预测未来飓风对其农作物价格的影响。这样就可以确定是否需要制定一项关于作物保险、管制价格或政府补贴的政策。

对采集数据的方式也同样应该有信心，尤其是当数据与人相关时。英国选举预测中反复出现非代表性样本影响数据准确性的情况（Sturgis等，2016）。在农业部门，调查农民的非代表性样本，有可能影响农业收入开放数据的准确性。大多数开放数据源会提供有关数据采集方式的详细信息（环境、食品和农村事务部，2010）。

使用不同的数据来源将有助于全面了解问题。

3.4.1.2 政策制定

政策周期的下一阶段涉及政策制定。确定问题后，进行研究和数据分析，以便制定解决认定问题的潜在解决方案。在GroenMonitor的案例中，潜在的解决方案包括植物物候、割草甚至捕杀。

由于统计数据的性质以及获取准确、受控且严谨的数据存在困难，因此政策周期在这一阶段可能耗时最长，也最具挑战性。如第3.3节“数据分析和可视化”所述，数据分析并不总是意味着相关性等同于因果关系，有时可能会导致错误结论或无结论。

英国曾经有过这样的例子：如何控制牛结核病在牛身上暴发。政府决定采取一项必要行动：捕杀数以万计与疫情暴发相关的獾（Carringtor，2017）。然而，捕杀效果的科学研究发现，“捕杀獾并不能对英国未来的牛结核病控制做出有意义的贡献”（Bourne，2007）。有许多工具可以帮助农业工作者做出有意义的决策，并对不断变化的条件做出反应，以保护农作物不受损害。Plantwise[Plantwise.org]为农民提供了10 000多份关于作物害虫流行与最佳解决方案的情况介绍，帮助管理和防止害虫与疾病造成潜在的作物损失，因此农民能够就作物保护做出明智的决策。

3.4.1.3 做出决策

虽然政策制定阶段可能已经提出了针对特定问题的理想解决方案，但最终决策需要考虑政策可能对整个行业产生的所有不利影响。

为帮助指导决策过程，可能有必要制定一套必须全面实现政策的目标。一个优秀范例是欧盟共同农业政策（CAP），它有五个关键目标：通过促进技术进步和确保使用最佳的生产要素特别是劳动力来提高生产力；确保农民群体有较好的生活水平；稳定市场；确保物资供应；以合理的价格为消费者提供食品。

平衡这五个目标要求可能是一项具有挑战性的任务，尤其是某些国家会利用更先进的技术在欧洲内部进行垄断，造成不稳定的局势。随着欧洲向东发展和英国脱欧，通过稳定的市场和充足的供应来确保公平的标准或生活水平变得具有挑战性。

同样，开放数据可以在决策过程中发挥关键作用。关于欧盟共同农业政策，每个目标要么已经受到监测，要么可以使用贸易、市场和普查数据的开放数据进行评估。就连先正达（Syngenta）等跨国公司也在发布它们掌握的有关生产率、生物多样性和小农覆盖率的关键指标数据。

3.4.1.4 政策执行

这一阶段是通过改变法律、资金分配或其他方式，采取或设定预期的行动方案。除了能为政策决策提供信息外，开放数据还可以在政策执行中发挥重要作用。发布的公开数据可能是帮助制定政策所需的全部内容。例如，开放数据在解决肥胖和提高人口健康方面起着关键作用：

- 使消费者对食物做出明智的选择：美国农业部国家营养数据库。消费者已明确表示希望更好地了解食品的质量和成分。尽管食品包装上已有基本信息，但更详细的食品营养成分信息可以让人们根据个人需求或营养师的建议，做出更好的食品选择。
- 美国农业部国家标准参考营养数据库（SR25）是美国食品成分数据的主要来源，并为大多数公共和私营部门数据库提供数据来源。SR25包含超过8 500种食物和大约150种食物成分的营养数据，如维生素、矿物质、氨基酸和脂肪酸等。这些数据的使用不局限于商业应用程序，例如智能手机应用程序。它也为诸如ChooseMyPlate.gov等新服务提供了数据基础。ChooseMyPlate.gov倡议旨在向个人、健康专业人士、营养教育者和食品行业提供实用信息，通过饮食评估、营养教育和其他便于用户使用的营养信息资源和工具，帮助消费者建立更健康的饮食习惯。

当前世界上许多国家都强制要求在其所有食品包装上注明营养成分信息。食品标准机构还发布开放评级数据，要求餐馆和食品加工公司也必须公开他们的评级数据供所有人访问（参见英国食品卫生评级数据应用程序接口，网址为ratings.food.gov.uk/open-data）。发布开放数据旨在强制改变行为并提高从农场到餐桌的食品生产供应链的整体质量。

数据不仅仅是决策过程的输入信息，也可以是输出信息，甚至足以帮助解决政策问题或创建市场，让市场解决政策问题。

3.4.1.5 监测和评估

根据政策执行情况，监测和评估可以采取多种形式，从对持续开放数据发布的简单监测（如食品卫生评级），到对谷物作物产量和牛结核病病例的重新分析。在几乎所有情况下，监测和评估都需要继续采集和分析数据，这意味着政策周期结束后这些数据可以用来制定新议程。

与政策周期的所有阶段一样，更广泛地参与监测也是确保政策成功的关键，尤其是在政策链中可能存在腐败的地方：

- 墨西哥滥用农场补贴的曝光：FUNDAR PROCAMPO是墨西哥最大的联邦农业补贴计划，用以扶持最贫穷的农民。自2007年来，民众一直怀疑那些满足要求且急需扶持的人群并没有享受到补贴。为了更好地了解情况，墨西哥非政府组织FUNDAR分析和研究中心呼吁墨西哥农业部提供有关补贴分配的信息。在初始请求只获得了不完整的非机器可读格式的数据后，主管机构最终公布了数据。分析显示，57%的福利资金分给了最富有的10%的受助人，这证实了最初的担忧。此次数据发布的一个重要结果是促进了由FUNDAR和其他非政府组织负责的数据库（Subsidios al Campo en México）的发展，发布了更多关于农业补贴的跟进信息，以确保过程透明。消息披露后，相关人员接连辞职，政府也对补贴资格进行了限制。

当有许多国际参与者参与政策过程时，开放数据可以发挥更重要的作用，尤其是国际援助资金领域中的农业领域。英国DFID DevTracker允许任何人了解英国政府在国际援助上花费的资金以及所用于的国家。监测此类资金的影响面临着挑战，特别是在全球范围内。Fllow the Money（尼日利亚）等社区团体在确保资金到达指定项目、政策得到有效实施方面扮演了重要角色。

©Adobe Stock/luchschenF

在整个政策周期中保持开放和透明至关重要，因为这可以允许任何人参与对话并协助监测和评估，无论他是政府成员、私人组织、媒体还是社会成员。

### 3.4.2 开放对政策的影响

除以开放数据作为输入为决策制定提供信息外，开放的政策制定方法还有许多其他的好处。

政策周期不断使用数据为正确的决策提供信息，并监测该决策的有效性。如果数据在议程确定时是开放的，但在监测和评估时是封闭的，那么政策周期已被打破，不可能再以相同的过程进行第二个周期。

将开放数据应用于政策周期，无须进一步干预，开放数据也足以解决政策问题。例如，开放式交通数据可以帮助人们了解公共交通，进而缓解交通拥堵，可能避免花费数百万美元修建新道路。

开放数据还为决策过程带来了许多其他的好处，包括透明度和包容性，这在有大量利益相关者参与时至关重要。为了获得“认可”，让尽可能多的利益相关者参与进来十分关键。开放数据不仅允许利益相关者参与，还允许他们自己进行分析，以发现任何潜在的政策解决方案。

发布开放数据作为政策实施过程的一部分，允许市场围绕数据发展，并靠市场自身解决政策问题，例如旧金山的食品卫生评级：

- 突出餐厅检查分数并提高食品安全水平：开放数据正在帮助消费者选择就餐地点，并激励提升食品安全。《本地检查员值录入规范》(*Local Inspector Value-Entry Specification*，*LIVES*) 旨在“使各管辖区的餐厅检查分数常规化，使消费者能够在各市镇及其家乡了解餐厅食品安全合规性”(Socrata，2015)。
- 该规范于2013年作为旧金山市、纽约市和Yelp点评网站之间的一个项目启动，为餐厅检查提供发布开放数据的标准。通过让公民更好地利用检查结果，该规范促进了食品透明度，并为餐厅批准决策提供便利。研究发现，洛杉矶市要求餐厅在入口处展示卫生等级卡后，因食源性疾病而住院的人数减少了13% (Dyson，2013)。

虽然大多数人认为数据只是政策制定中的输入信息，但如果始终使用开放数据，益处可以成倍增加，政策也会实现更快。

随着世界人口的增长，农业和营养领域开放数据将是制定有效政策和提升政策效率的关键，以确保每个人都有平等的机会。在世界气候也发生变化的情况下，农业政策在未来50年将至关重要。

# 4 公开数据

©Adobe Stock/Darren Baker

## 4.1 管理数据以便重用

本章主要讨论的是如何公开数据，以便其他参与者可以重用数据。如果数据没有得到适当的管理，就不能以有效的方式公开和真正使用。例如：

- 如果天气数据没有根据特定的时间和空间标准进行采集和存储，或者没有标注来源和方法信息，就很难根据用户的需求有选择地公开。
- 如果农民档案数据库不定期更新，用户就不会信任它；如果不定期检查数据的一致性，数据将无法充分协调以供重用，例如不同计数者输入的值。

由于本书的目标读者是农民和为农民工作的专业人员，因此，就具体的数据服务而言，数据管理是一个相关主题，包括农场信息系统/精准农业、农民数据服务、农民档案系统等。大型公共开放数据存储库的建立和维护应该不是本书读者的兴趣点，所以，本节并不涉及开放数据存储库管理实践或开放数据生命周期的细节。

本节提出的许多建议，对提供给农民的服务都很实用。一些建议针对的是那些采集大量数据的服务，无论是直接采集数据还是从其他来源采集数据；还有一些针对的是那些需要管理具有挑战性的数据集的服务，这些数据集涉及动态性、多版本、许可和使用权限等问题。良好的数据管理能够使用户更好地将优质数据提供给：(a) 其他参与者以便重用，例如农场土壤数据、天气数据或提供给农场管理信息系统中的价格数据；(b) 在复杂的分布式系统中的其他部分，例如用于精准农业设备的天气数据。

在概述了数据管理的良好实践，包括指出可以帮助管理和公开数据的软件工具后，本节说明了制定数据管理计划和数据共享策略的重要性。

最后，本节将提供一些关于如何最大化使用数据服务的建议，特别是如何吸引用户。

### 4.1.1 良好的数据管理

要建立和维护对数据的信任，需要有稳定的数据管理原则和实践。良好的数据管理原则有助于确保产生或使用的数据是按照法律、道德和资金要求及良好的实践进行注册、存储、提供使用和重用、随时间推移进行管理或处置的。对于开放数据消费者来说，信任取决于许多因素：

- 了解来源。对数据的信任始于对其来源的了解。
- 信任来源。如果数据的来源可以被信任，那从它得出的结论也可以被信任。
- 数据的时效性。即使数据来源可信，如果过时了，也就失效了。

- 数据质量。可信的数据必须准确地反映它所度量的内容。
- 可持续性。可信的数据集必须有一些可用性的保证。
- 可发现性。与文档一样，数据只有在易于查找时才有用。
- 文档和支持。如果需要，消费者应该能够获得数据支持。
- 互动。如果数据有问题，消费者应该能够提供反馈。

因此，数据管理的过程所涉范围较广，从管理到技术，以满足上述因素的方式处理数据。一个健全的数据管理政策将为项目或企业的所有数据管理确定长期的战略目标。

数据管理政策是一套高级原则，为数据管理建立了指导框架。数据管理政策可用于解决战略问题，如数据访问、相关法律问题、数据管理问题和保管责任、数据获取和其他问题。作为一个高级框架，数据管理政策应兼具灵活性和动态性，能够随时应对意外的挑战、不同类型的项目和潜在的机会主义伙伴关系，与此同时，仍然保持其作为指导战略的重点。数据管理政策将有助于制定数据管理计划，下面会进行更详细的讨论。

为了满足数据管理目标和标准，所有相关方必须了解其相关的角色和责任。划分数据管理角色和职责的目的是：

- 清晰地明确与职能相关的角色。
- 在项目的所有阶段建立数据所有权。
- 建立数据问责制。
- 确保持续保持足够的、一致同意的数据质量和元数据指标。

#### 4.1.1.1 数据质量和一致性

数据质量被界定为适合使用或潜在使用。例如，处理物种数据和该数据的空间方面时，许多数据质量原则都是适用的。这些原则涉及以数据采集和获取为始的数据管理过程的所有阶段。在任何阶段，数据质量的缺失都会降低数据的适用性和可用性。数据质量标准可用于准确性、精确性、分辨率、可靠性、重复性、再现性、通用性、相关性、审计能力、完整性和及时性。

数据质量通过应用验证和验证程序作为质量控制过程的一部分进行评估。验证和确认是数据管理的重要组成部分，有助于确保数据的有效性和可靠性。

一致的数据是指技术上正确且适合统计分析的数据。这些数据是已经过检验，删除、纠正或替换了缺失值、特殊值、明显的错误和异常值的数据。数据的约束与基于现实世界知识的约束是一致的，这些知识是由数据来描述的。

#### 4.1.1.2 编目：元数据和内容标准化

所有数据集都应加以识别和记录，以方便后续识别、适当管理和有效使用，并避免多次收集相同的数据。

为提供组织所持有的数据集的准确列表，应编制一个数据目录。这是每个数据集发现级的元数据集合，采用的是适合用户引用的形式。这些元数据应提供有关数据内容、地理范围、货币和访问性的信息，以及获取更多数据信息的联系方式。

所有数据集，一旦编入目录，都应以详细形式记录，以方便用户在使用数据时进行引用。这些详细的元数据应该使用标准的、详细的元数据模板来描述数据集的内容、特征和用途。

**（1）元数据**

元数据或“关于数据的数据”解释了数据集，并允许数据所有者记录重要信息：

- 后续查找数据。
- 了解后续的数据是什么。
- 与合作者和未来的二手数据用户共享数据。

这应该被视为一种时间投资，可为后续工作省去很多麻烦。

为了使用标准化的通用术语，已为元数据创建了一些有用的词语：

- 都柏林核心（Dublin Core）：适用于任何信息资源，包括数据集。
- 达尔文核心（Darwin Core）：用于生物资源。
- 联邦地理数据委员会（FGDC）：用于地理元数据。
- 数据文件倡议（DDI）：用于数据集。
- 数据目录词汇表（DCAT）：用于数据集。
- 获取生物采集数据（ABCD）：用于种质数据库。
- 数字地理空间元数据内容标准（CSDGM）：用于地理元数据。

**（2）文件内容标准化**

为方便他人使用数据，数据集必须涵盖的内容包括参数名称、度量单位、格式和编码值的定义。在文件的顶部，包含一些标题行，这些标题行包含将数据文件链接到数据集的描述符，例如数据文件名称、数据集标题、作者、收集日期、文件中数据最后修改的日期。标题的其他行应该描述每一列的内容，包括参数名称及参数单元。对于那些庞大且复杂的数据集，可能需要很多关于数据集内容的描述性信息，该信息可以在单独的链接文档中提供，不用作为数据文件本身的标题。

- 参数。数据集中报告的参数需要有描述其内容的名称，并且需要定义单元，以便其他人理解报告的内容。应使用常用的参数名称。好的名称应该简短、唯一（至少在给定的数据集中）并描述参数内容。列标题的构造应便于各种数据系统的导入。统一使用大写，且在参数名称中只使用字母、数字和下划线，不使用空格或十进制字符。为每个参数选择一致的格式，并在整个数据集中使用该格式。如果可能的话，尽量使用标准化格式，例如用于日期、时间和空间坐标的格式。

- 数据类型。每列中的所有单元格只能包含一种类型的信息，例如文本、数字等。常见的数据类型包括文本、数字、日期、时间、布尔值（Yes/No或True/False）和用于存储大量文本的注释。
- 编码字段。与自由文本字段相反，编码字段通常具有标准化的预定义值列表，数据提供者可以从中进行选择。数据采集器可以建立自己的编码字段，这些字段具有定义值，以便在多个数据文件中一致地使用。编码字段在数据存储和检索方面比自由文本字段更有效。
- 缺失值。有以下选项可以处理缺失值：第一种是将值保留为空白，但这带来了一个问题，因为有些软件无法区分空白和零，或者用户可能会怀疑数据提供者是否不小心跳过了一列；第二种选择是在数字的地方加上句号，这清楚地表明应该有一个值，尽管它没有说明为什么数据会缺失；第三种选择是使用不同的代码来表示数据缺失的不同原因。

#### 4.1.1.3 版本控制

始终一致地识别和区分数据集的版本至关重要。这可以确保存在清晰的审计跟踪，用于跟踪数据集的开发，并在需要时识别早期版本。因此，有必要建立一个方法来表明数据集的版本：

- 表示数据文件版本的常见形式是：使用序数表示主要版本的变化，如1、2、3等；使用小数表示次要版本的变化，如V1、V1.1、V2.6。
- 不使用令人困惑的标签，如修订、最终版本、最终版本2、最终的副本等。
- 记录所有变更，包括大调整和小调整。
- 丢弃或删除过时的版本，同时保留原始副本。
- 使用自动备份工具（如果可用），而不是保存或存档多个版本。
- 在协作文档或存储工具中启用版本控制或跟踪，如维基、谷歌文档等。
- 考虑使用版本控制软件，如Subversion、TortoiseSVN等。

#### 4.1.1.4 安全与存储

有效的数据共享依赖于数据提供者和消费者之间强大的信任网络。如果提供和使用数据的各方不信任基础设施或彼此不信任，就不会使用数据共享的基础设施。如果要共享敏感数据，平台中必须有确保这些数据安全的规定。无论数据是封闭的还是与特定的个人或组织共享的，都需要以一种可控的方式来承载数据。根据数据的敏感性，将包括一些安全保障，例如防止黑客攻击。

#### 4.1.1.5 数据的获取和传播

数据生产是一回事，传播是另一回事。当开放数据可以交付给合适的人或合适的机器，并处于其能发挥最大价值的环境中，那它就是有用的。在农民数据的典型应用中，数据被重用并通过中介交付到田地中，帮助农民在种植哪种农作物或采用何种处理方法上做出明智的决定。

除此之外，还必须有各种数据交付通道，根据数据交付的不同情况进行微调。在数据完全“开放”的情况下，数据传递通道的“微调”可以成为数据中介的一个商业机会。中介可以提供服务，为潜在的客户群体定制数据交付。开放数据创造了一种市场可能性，使相关数据拥有可替代的来源。

要使数据可用，必须以一种可访问的方式存储数据。即使在云部署的当今时代，数据和应用程序也存储在某处的某些硬件上。在全球范围内共享数据的策略必须指定数据存储的位置，以及维护服务水平协议的方式，包括运行时间、吞吐量、访问控制等。

在决定传播数据的方式时，应重点考虑下列因素：

- 访问数据路径的提供应符合组织的数据政策和国家关于信息访问的法律法规。
- 应在不侵犯数据知识产权或任何法定义务的情况下授予数据的访问权。

#### 4.1.1.6 动态和静态数据集

动态数据指的是在进一步更新变得可用时而定期更新和异步更改的数据。与此相反的是静态数据，也称为持久性数据，很少被访问，也不太可能被修改。动态数据不同于流数据，它不存在恒定的信息流；更确切地说，更新可能随时到来，其间有一段时间是非动态的。

数字农业的兴起正在改变农民管理土地和牲畜的方式，例如，使用卫星驱动的地理定位系统、探测土壤养分和水分的传感器。这些技术最终会收集更多动态数据，并自动处理。

静态数据集通常按照前面章节的描述存储和编目，并作为从FTP服务器或网站下载的内容公开或发布。这可以使用结合存储、编目和发布的专门数据集管理工具来完成，但通常需要手动上传数据集及其后续版本。

相反，动态数据集需要一些更有效的数据自动化形式。数据自动化是指以编程方式更新数据门户上数据的过程。

数据自动化包括三个步骤的自动化（维基百科，2020i）：

- 提取：从一个或多个源系统中提取数据的过程。
- 转换：将数据转换成必要结构的过程，如CSV等平面文件格式；这也可能包括正常化值或应用模式等内容。
- 加载：将数据加载到最终系统的过程，可以是数据门户或用于其他机器的应用程序接口的后端。

动态数据集通常通过应用程序接口公开，允许获取网站上已经可用的数据和功能，并通过应用程序接口使其可用，网站和移动应用程序只需调用一个全球资源定位器（URL）就可以使用。不像网站那样返回超文本标记语言（HTML）来表示信息，应用程序接口以机器可读的格式返回数据，如可扩展标记语言（XML）或JS对象简谱（JSON）（参见第3.1节“使用开放数据”）。然后，开发人员可以将这些数据用于网络和移动应用程序。然而，XML或JSON很容易被电子表格和其他非开发人员使用的工具所使用，这使得应用程序接口可能被任何人访问。

动态数据集更容易通过应用程序接口访问，因为不需要下载静态文件。相反，可以直接查询数据并获得“动态”创建的文件。开放数据机构建议（开放数据机构，2013a）带有应用程序接口的技术文档应包括：

- 所提供的关于数据格式的文档，可能包括使用任何词汇表的模式。
- 代码列表，为数据中使用的每个代码提供更多细节。提供这些信息的一种方法是有一个可以为文档提供代码的全球资源定位器，并在数据中链接到该全球资源定位器。
- 描述应用程序接口工作方式的服务文档；如果适用，可能包括机器可读服务描述的链接。

有了这些信息，重用用户应该能够理解要发布的数据，以及如何创建使用这些数据的应用程序。

现存与农业有关的应用程序接口例子如下：

- 国际食物政策研究所食物安全门户网站包含了40多个与食物安全、商品价格、经济和人类福祉相关的指标（国际食物政策研究所，2020）。世界上每个国家的大部分数据都可以追溯到50多年前。国际食物政策研究所的数据来自其自己的数据及世界银行、联合国粮农组织、联合国儿童基金会等公开的、权威的数据。
- 开放天气地图（OpenWeatherMap）从专业和私人气象站采集数据，并通过应用程序接口发布给开发者（开放天气，2020）。如今，它拥有4万多个气象站，大多数安装在机场、大城市等的专业车站。

#### 4.1.1.7 数据管理计划

数据管理的计划过程从数据计划检查表开始。检查表有助于数据管理计划的制订。这份检查表可能包括以下部分或全部问题：

- 将采集或创建哪些数据？如何创建数据？目的是什么？
- 如何处理道德问题？如何管理知识产权问题？
- 将使用什么文件格式？它们是非专有的、易懂的和可持续的吗？将使用什么目录和文件命名约定？会采用什么正式的标准吗？数据将伴随哪些文档和元数据？

- 如何存储和备份数据？如何管理访问和安全性？谁来负责数据管理？
- 是否有现有的程序作为方法的基础？例如，是否有需要遵守的机构数据保护政策、指导方针、行为守则？
- 数据集的长期保存计划是什么？例如，应该保留、共享和保存哪些数据？如何共享数据？是否需要对数据共享进行限制？
- 执行计划需要哪些资源？例如，是否需要工具或软件来创建、处理或可视化数据？

需要注意的是，数据管理计划必须在项目或研究的整个过程中持续维护并更新。

## 4.1.2 数据管理目录软件

通常，数据存储库是查找数据的中心位置、标准化实践的场所和数据使用的展示场所。从实际意义上来说，存储库是人们查找数据的中心、搜索地。有些存储库软件会自动转换数据格式。因此，即使只提供一种格式的数据，例如CSV，它也会生成XML或JSON、EXCEL等格式的数据。

一些存储库软件会在浏览器中将数据集可视化，让人们不需要任何编程知识就可以映射、排序、搜索和组合数据集。其他的则允许联合，允许其他组织自动合并数据，例如，一个国家交通部门可以收集所有各地的交通数据并重新发布。有些工具还遵守现有的元数据标准，不过在大多数情况下，它们只遵守像都柏林核心（Dublin Core）这样的通用词汇表，很少遵守数据目录的公开标准。

一般来说，存储库软件要么支持上传文件存储在存储库中，要么支持将存储库指向文件所在的现有网站地址。如果该工具的设计便于现场采集数据，那它可能会有一个数据采集模块，最好针对移动设备进行优化。

如果做一个广泛的划分，那么有两种类型的数据目录软件，即自托管（部署在服务器上）和第三方托管或云托管，两者可以是付费的或免费的。

### 4.1.2.1 自托管、免费、开源

对于技术熟练的组织、承诺使用开源软件的组织或有预算聘请顾问部署软件的组织，选择一些优秀的开源数据存储库程序是可靠的。

- CKAN：CKAN名义上是“综合知识档案网络”（Comprehensive Knowledge Archive Network）的缩写，但它只被称为CKAN。CKAN基于英国的开放知识（Open Knowledge）而创建，是最常用的开源数据库软件。它是用Python编写的，是资源库软件的标准承载者。令人遗憾的是，它也以难以安装而闻名，尽管Docker镜像已经大大简化了这一点。CKAN的用户包括Data.gov

及美国国家海洋和大气管理局等。CKAN的顾问团除了很多独立顾问，还包括开放知识（Open Knowledge）、Ontodia和Accela。付费的CKAN托管包括开放知识（Open Knowledge）和Ontodia。请查看CKAN的演示网站demo.ckan.org。

- DKAN：DKAN是CKAN的克隆，虽然它和CKAN没有共享代码。作为Drupal的模块，用PHP重写。对于使用Drupal内容管理系统并希望拥有数据存储库的组织来说，DKAN是一个特别好的选择。DKAN的用户包括美国农业部（USDA）。请在demo.getdkan.org上查看DKAN演示站点。
- JKAN：JKAN名义上是基于CKAN的，虽然它不与CKAN共享代码。JKAN是由费城的首席数据官蒂姆·维斯尼夫斯基（Tim Wisniewski）创建的，是一个由Jekyll提供支持的数据目录。注意，JKAN是一个数据目录，而不是一个存储库，也就是说它存储数据的链接和关于该数据的元数据，而不是数据本身。这些数据可以存储在FTP服务器、机构网站、Amazon S3、Dropbox或任何其他可能存储文件供公众访问的地方。建立一个网站只需要几分钟。请查看JKAN演示网站https://demo.jkan.io。
- 开放数据工具包（ODK）：用于收集、管理和使用数据的免费开源软件。
- QGIS：专门用于地理空间数据的免费开源地理信息系统。

#### 4.1.2.2 云托管（商业）

对于一些组织来说，选择商业托管是可行的。花钱雇人托管数据几乎不需要组织方有任何技术知识，而且存储网站将在整个过程中提供支持。组织不需要提供任何技术基础设施，例如服务器；不需要知道如何编程，尽管其中一些平台也有自托管版本。但是，有必要仔细考虑服务水平协议。

- ArcGIS Open Data：发布于2014年底，包含在ArcGIS Online合同中，由于该服务在各市、州间普遍存在，实际上对现有客户是免费的。这对于需要以低价购入开放数据项目的政府来说，是个非常有吸引力的选择，因为它消除了数据目录的成本。ArcGIS Open Data只能作为托管软件使用，不可能在另一台服务器上运行它的实例。
- Junar：Junar为企业、政府、非政府组织和学术界提供平台和软件包，专注于数据采集和分析。Junar是双语的，支持英语和西班牙语用户。起价约为1万美元，针对中小型组织。Junar的演示网站可以根据客户要求提供演示服务。
- NuCivic Data：NuCivic Data基于DKAN，DKAN由nücivic创建和维护。就价格而言，属于中档供应商，费率比Socrata低很多，但比Junar等贵。

- CivicDashboards：开放数据咨询公司Ontodia在CivicDashboards下提供CKAN托管。定价与Junar相当，为存储少量数据集提供了一个免费层。
- OpenDataSoft：OpenDataSoft是一家法国公司，后来进入了美国市场。它提供了一个免费层，最多5个数据集，而每个数据集包含多达20 000条记录。
- 苏格拉底开放数据（Socrata Open Data）：苏格拉底（Socrata）是开放数据存储库领域的主要供应商，拥有苏格拉底开放数据平台。苏格拉底只提供托管选项，无法在其他服务器上运行苏格拉底的软件。它既是功能最丰富的选择，也是最昂贵的选择，每年的计划费用高达数十万美元。

更多通过手机面向分布式数据采集的是：

- ONA，具有从智能手机采集数据和数据可视化的特殊功能。它也有免费的计划。

#### 4.1.2.3 云托管（免费）

有一些可供免费托管开放数据存储库的选项。注意，上面列出的开源选项也是免费的，但是需要设备、服务器和维护时间。此外，对于上面提到的付费托管服务提供的最低级别的服务，通常还有一个免费的选项。

- DataHub：开放知识基金会提供了DataHub，一个免费的、基于CKAN的数据主机。它是一个大型的集体存储库，用户不能获得自己的站点，但是可以只列出自己的数据，并共享一个只列出这些数据集的全球资源定位器。
- GitHub：GitHub并不是真正的数据存储库，但它可以作为一个数据存储库。它没有适当的存储库软件的细节，如格式转换、从远程的全球资源定位器中检索数据等，但它提供了一些数据类型的预览，公开跟踪变化，是一个合理的存储数据集的地方。GitHub确实提供了一个显著的优势，即为人们提供了一种对数据集提出修改的机制，如果发现错误或需要改进的地方，可以接受或拒绝。
- GitHub上的JKAN：JKAN部署于GitHub上，从其产生的数据目录可以免费托管。通过这种方式，GitHub可以作为一个免费的托管方，而不需要牺牲数据目录的细节。

更多通过灵活的网络表单面向分布式数据采集的是：

- Kobo工具箱，一套在有挑战性的环境中采集田地数据的工具。除了云服务，该工具还可以使用Docker自托管。

在最极端的情况下，农业共享数据的安全要求可能与军事共享数据一样严格。这些原则并不是农业数据所独有的，且已经得到了深入的研究。

这些原则背后的基本概念是：服务应该难以妥协；妥协应该易于发现；妥协的影响是可控的。对于开放数据，这不是一个大问题，但是为了在数据提供者之间建立信任，必须对数据安全性提供一些支持。

### 4.1.3 数据共享政策

数据存在于一个频谱内，可以是封闭的、共享的或开放的。封闭的数据只能由所有者或签约方访问。共享数据可以在特定条件下访问，如认证、支付。开放数据是任何人都可访问、使用和共享的数据。在频谱中，有中间解。无论数据在频谱中的位置是什么，在数据政策中明确数据共享条件是至关重要的。

越来越多的公共和私营部门组织开始采用开放数据方法，起草开放数据政策。然而，在农业价值链中，数据并不总是完全开放的：在第2章中涉及了价值链中共享的各类数据的敏感性。在这种情况下，数据共享策略至少跟数据共享条件同等重要。

良好的数据共享政策将增加组织的透明度，并确保其数据得到最佳使用。将数据策略转化为可靠的政策对于确保其成功的实施至关重要。开放数据政策中的一些元素可能与非开放数据共享政策中的元素有所不同，但是下面突出显示的元素可以作为任何数据共享政策的良好起点。

一个良好的（开放的）数据政策首先要包括一些有助于定义其范围的通用内容，例如：

- 通用数据策略的定义（无论它是否完全开放），对组织重要的原因，以及定义政策的原因。
- 指导数据发布和重用的一般性原则声明。
- 组织采集的数据类型的概要，以及是否被政策所涵盖。
- 参考任何相关的法律、政策或其他指导，这些也适用于与第三方的信息管理和共享。

然后，要考虑以下因素：

- 识别数据并确定发布优先级的方法：如何对数据进行盘点、审核和发布？
- 隐私考虑事项：确保个人信息不被共享，并建议采取降低风险的措施，例如进行隐私影响评估或匿名化方法。
- 数据所有权、版权、重用同意：在重用从其他参与者采集的数据时尤为重要。
- 数据许可和重用权：这不仅包括发布数据的许可，还包括数据采集过程中明晰权利的重要性。

- **数据发布标准：** 确保数据以结构良好、机器可读的格式共享，具有清晰的元数据和文档。
- **与重用者合作：** 组织将如何与外部利益相关者合作，以帮助指导数据的发布，并确保数据的轻松使用。
- **衡量成功：** 组织将使用什么指标来衡量政策是否成功，以及如何共享这些指标。
- **使用开放数据的方法：** 对于重用开放数据的组织，要有关于如何识别高质量的数据集并确保清晰的重用权的指南。
- **具体承诺：** 在政策实施的时间内，组织以具体的方式承诺要做的事情。
- **政策透明度：** 将根据利益相关者的反馈和经验教训，对政策及其描述的过程进行评审。

一份政策文件并不一定包括这些领域的详细信息，例如具体的标准或发布程序。相反，它将侧重于应遵循的一般原则，这些原则可以为起草更详细的从业人员指南提供信息。

### 4.1.4 确保公开数据的重用

数据和基于数据的服务只有在被社会行动者用于实现其部分目标时才会产生影响。特别是，农业价值链中共享的数据必须被行动者（最终是农民）重用，以实现其商业目标，改善价值链，并确保公共利益的透明度。

对于共享或出售数据和服务的商业行为者来说，获取其服务的用户至关重要，但公共提供商也需要证明其数据产生了影响。

第1.1节“农业数据”已经给出了一些关于如何使数据有用和可重用的建议，特别是数据质量方面的数据。这些建议是数据固有的，一旦数据发布后，就可以采取其他措施以最大限度地重复使用。

一个建议是与用户接触，确保数据满足他们的需求，并确保他们掌握如何使用数据的所有信息。在蒂姆•伯纳斯•李（Tim Berners-Lee）的五星开放数据模型（Berners-Lee，2012）的基础上，蒂姆•戴维斯（Tim Davies）开发了一个五星开放数据参与模型。该模型提出了与用户互动的五个步骤（Davies，2012），以确保共享数据的重用：

★ 需求驱动

★★ 将数据放在具体环境中

★★★ 支持围绕数据的对话

★★★★ 建立能力、技能和网络

★★★★★ 将数据作为公共资源进行合作

其他与数据用户相关的建议包括：

- 提供工具（如插件、可视化、软件库和服务），使重用者能够在他人的数据工作基础上进行构建（这些工具有时由第三方构建）。
- 通过博客展示数据使用的范例。
- 安排黑客日或竞赛以鼓励数据使用。
- 虽然并非所有数据集都值得重用，但在某些情况下，明确的社区建设、参与和外联工作有助于将数据给组织和他人带来的价值最大化。

## 4.2 数据共享的指导框架

本节介绍了最重要的数据共享的概念框架。第2章介绍了数据共享和相关政策工具在伦理和法律方面需要考虑的因素，而本节中介绍的框架涉及的主要是数据共享的技术层面。这些框架定义了什么是开放或可访问的数据，如何使数据在技术上实现可访问。当涉及法律条件和数据权利时，它们更关注如何在数据内部正式确定这些条件和权利。

在农业价值链的背景下，尤其是在农民数据方面，了解这些框架是有益的，原因如下：

- 通过分析现有框架，明确了“完全开放”和“默认开放”之间的区别。完全开放主要适用于政府数据、公费研究数据等公共数据；被认为适合公共重用的私营部门数据，如谷歌地球数据、推特消息源等；有条件的共享数据，如在农业价值链中较为常见的授权、付款或合同背后的数据。对于为农民工作的专业人员来说，完全开放的数据方法对于开放数据用户来说非常重要，因为他们必须在其服务中重用开放数据，而共享数据实践与任何需要共享数据并希望按照最佳实践进行共享的服务相关，不受访问条件的影响。
- 这些框架推荐了在数据中制定访问权限的方法，描述了使访问权限清晰且易于机器理解的实用技术，以及最合适的访问协议。
- 这些框架独立于访问条件，为那些能够访问数据的人提供了使数据可重用的技术方法。除数据授权层外，使数据可重用的规则对于开放和共享数据是相同的。

本节介绍的框架包括蒂姆·伯纳斯-李的五星开放数据部署方案、FAIR原则、万维网联盟（W3C）的网络数据最佳实践和通用开放访问范式。第4.2.2节“应用数据共享原则的实用建议”更详细地描述了所描述框架中的一些实用建议，即许可、存储库基础设施（协议、持久性和标识符）、数据格式、元数据和链接。

### 4.2.1 数据共享指导框架：从开放到FAIR

几个世纪以来，数据共享一直以不同的方式进行着。农业领域与其他领域一样，急需创新与商务以及政策与法规方面的数据交换。其中创新与商务领域的数据包括市场价格、天气信息、土壤数据、作物生长数据等，政策与法规方面的数据包括食品跟踪、杀虫剂使用等。因此，涉及的利益相关者各不相同，他们的利益时而一致、时而不同，但最终他们都需要来自其他参与者或数据价值链其他部分的数据。

毫无疑问，在过去几十年中，改变数据共享方式的关键因素是互联网及最近云和大数据技术的出现，这些技术使数据处理能力的潜力成倍增长。在网络诞生之初，其发明人蒂姆·伯纳斯-李将其视为一个“数据网络”，在过去十年中，每个人都认识到数据的主要消费者和数据共享过程的实际中介都是机器，因此为了实现共享，数据必须是机器可读的。

此外，在网络上共享数据的便利也带来了使用数据的法律担忧。事实上，它们在网络上仅意味着可以被阅读，但没有提及允许重复使用、修改或重新发布。如果权限不明确，数据就不能合法地重复使用（更多相关信息请参阅第2章“数据共享原则”）。

因此，共享数据需要就如何为机器“写入”数据达成一致，因为机器必须经过编程才能读取数据并且必须了解规则。它还要求就如何使用数据以及是否可以修改或重新分配数据达成一致。对此达成一致可能只是临时协议、技术或法律规范的问题，或以更雄心勃勃和长远的眼光来看，它可以创建得到广泛认可的通用权威指导框架。

#### 4.2.1.1 五星开放数据部署方案

第一个共享数据的指导框架是由网络的发明者蒂姆·伯纳斯-李设计的。他为数据网络设计的技术框架是“关联开放数据”(LOD)良好实践，该实践于2006年完全正式化。它包含使数据完全链接的技术性指南，它的建议如下：

- 使用统一资源识别符（URIs）[①]作为事物的名称。
- 使用HTTP统一资源识别符以便查找。
- 当有人查找统一资源识别符时，提供有用的信息。
- 包括指向其他统一资源识别符的链接，以便发现更多内容。

然而，鉴于此类技术解决方案的准入门槛很高，2010年前后，他发布了更全面的五星开放数据部署方案（表4-1），“以鼓励人们——尤其是政府数据所有者——沿着良好关联数据的道路前进”(Berners-Lee，2013)。五星方案阐释了数据发布中的“连续体”，完成了完全链接开放数据的最后一步。关联开放数据框架只是整个方案的子集。

**表4-1　蒂姆·伯纳斯-李的五星开放数据部署方案**

| | |
|---|---|
| ★ | 在有开放许可证的情况下，任意格式的数据在网站上可用 |
| ★★ | 作为结构化数据可用，例如Excel而非文件的图像扫描 |
| ★★★ | 以非专有的开放格式提供内容，例如CSV而非Excel |
| ★★★★ | 使用统一资源识别符识别事物，以便指向事物 |
| ★★★★★ | 将数据链接到其他数据以提供上下文环境 |

五星方案仍然是每个从事开放数据工作者的参考框架，它们是累积式的，因为“每次执行下一步星级方案都假定数据符合前一步的标准”。这对第一步（即开放许可证）施加了巨大压力。作为一项必要条件，在它缺位的情况下，执行其他四星的方案不会产生真正的开放数据。第一星级方案与可重用的开放性有关，其他的星级方案都与数据的互操作性有关。五星方案实际上是一个开放框架，因此也被称为“开放五星”。更准确地说，为了区分链接数据和链接开放数据，蒂姆·伯纳斯-李（Tim Berners-Lee，2006）表示：“链接数据通常不必公开——链接数据在内部以及个人和集团范围内有许多重要用途。您可

① 统一资源识别符是明确标识特定资源的字符串（维基百科，2020s）。

以在不公开的情况下拥有五星链接数据。但如果是链接开放数据，它确实必须公开才能取得星级。”

几十年来，“开放”的概念一直是所有知识和数据共享倡议的基石。然而，近年来，由于定义非常严格，该概念的某些方面可能会阻碍数据共享，特别是在数据密集型研究和跨数据价值链各环节进行传输的数据背景下。

“开放许可证”的定义非常严格：在开放数据的基础课程中，开放数据研究所表示“该许可证必须允许人们以任何他们想要的方式使用数据，包括转换、组合、与他人共享数据，甚至是商业性方式”（开放数据研究所，2019b）。开放许可证的要求可能会阻止数据共享，因为数据共享有一些访问限制，但可以在大型社群或通过简单协议重用，依旧会产生巨大影响。

第四、第五星级方案，尤其是在进一步描述每个星级的版本中，有时被认为与资源描述框架（RDF）的技术方法联系密切，而非可以用任何技术实现的通用原则。关于资源描述框架的更多信息，见第4.3.3节“结构互操作性：格式和结构”。

这并不意味着蒂姆·伯纳斯-李的框架已经被取代，它仍然是高数据互操作性和松散耦合、自下而上开放数据网络的参考框架。

#### 4.2.1.2 可查找、可访问、可互操作和可重用原则（FAIR原则）

由于数据可重用被一致认为是创新的一大驱动力，数据共享的方式是其重用的关键，因此人们对定义一个更正式、更协调的框架产生了新兴趣，该框架可以更好地满足数据密集型研究和跨数据价值链的数据共享的需要。

2014年，为了更好地定义“规则”以便更有效地共享数据，一群不同的利益相关者（学术界、工业界、出版商、资助机构）在荷兰莱顿举行了会议，讨论了“社群同意的指导原则和实践的最小集合”（FORCE11，2014）。

这些讨论产生了FAIR原则，基于这些原则，数据必须是可查找、可访问、可互操作和可重用的（FAIR）。

如果只是浏览一下这四项原则，那该框架似乎非常符合开放的概念和蒂姆·伯纳斯-李（Tim Berners-Lee）五星方案的概念。事实上，两者是一致的，FAIR原则不会排斥或取代五星方案。然而在阅读每项原则的详细信息时，会发现一些关键性的差异和更高级别的理解方式或概括，这使得FAIR原则更像是一个正式的“框架”：

- FAIR原则着重于明确的访问权，而非开放权。这满足了更灵活和更精确地共享数据的需要，便于对数据进行访问限制，但在特定条件下仍可重复使用。
- 人们特别关注出处、归属和持久性，这与社群同意的FAIR原则相一致，即希望合作和共享数据，并需要一个具有基本规则的可信环境。从这个角度来看，在信任方面，FAIR原则需要制定比蒂姆·伯纳斯-李设计的自下而上的开放数据网络更严格的规则。

- FAIR原则不想达到技术规范的层次，它们是*一般的数*据指南，而不是数据规范。在为文件编制FAIR指导原则时，有意识地避免了技术实施。最低限度的FAIR指导原则旨在指导FAIR数据环境下的实施者检查其特定的实施选择是否确实使最终的数据可查找、可访问、可互操作和可重用。
- 与五星方案相比，FAIR原则不是“累积式的”。可查找、可访问、可互操作和可重用这些方面显然是相关的，但在技术上相互独立，可以任意组合逐步实施，随着数据提供商的发展，可查找、可访问、可互操作和可重用的程度在不断提高。

以下是关于每个原则的一些关键细节，举例说明了上述特征：

**(1) 可查找原则的某些方面**

(a) 数据对象应该是持久的，特别是其元数据。

(b) 数据对象中使用的任何概念的标识符都应该是唯一和持久的。

**(2) 可访问原则的某些方面**

(a)“经适当授权”意味着即使是需要特殊许可的数据，如果适用其他原则，也被认为是可查找、可访问、可互操作和可重用的，因此数据不必是“任何人”都可使用的。

(b)“通过定义良好的协议”意味着互操作性不依赖于一个协议（例如HTTP），更具体地说，REST应用程序接口或SPARQL端点是链接数据框架的基础。

**(3) 可互操作原则的某些方面**

(a)“(元) 数据是机器可操作的。”

(b)“(元) 数据格式使用了共享词汇表和/或本体。”

(c) 数据对象中的（元）数据应该在语法上可解析，在语义上可由机器访问。毫无疑问，这两个要求是由RDF完美实现的，但没有提到具体技术。总体上，整个互操作原则与五星方案非常一致，所有原则都基于这样一个关键假设，即数据必须“对机器和人都公平”，且“元数据被机器可读是可查找、可访问、可互操作和可重用的先决条件”。

**(4) 可重用原则的某些方面**

在详细说明可重用原则的实际要求中，一个重要要求是“已发布的数据对象应指向其丰富的元数据和出处，以便进行适当引用”，这符合构建可信数据存储库基础设施的目标，其中作者身份和归属尤为重要。

FAIR原则正在迅速被许多利益相关者采纳，特别是研究资助者。最近，该原则被欧洲委员会2020年FAIR数据管理指导方针和欧盟研究与创新框架所采用。

#### 4.2.1.3 其他一般框架

发布数据时还需要考虑其他框架：开放访问（Open Access）比前面提到的两个框架更通用；开放内容（Open Content）对许可证的开放内容更严格；万维网联盟网络数据最佳实践是非常详细的技术最佳实践，具有明确的实现选择。

**（1）开放访问**

开放访问运动和开放科学运动分别倡导以自我存档或开放访问期刊的可访问方式，发布从期刊文章到论文再到数据集的资源，并使“科学研究、数据和传播面向爱探索的社会的各个阶层，包括业余人士和专业人士”。

开放访问可通过以下两种形式达成：绿色路线，即自我存档；黄金路线，即在开放访问期刊上发表，其中一些现在也发表数据集（维基百科，2020j）。

在欧盟资助的新项目中，开放访问是一项要求，数据集可自行存档在开放访问的目录中，也可发布在公开目录中，如OpenAIRE[openaire.eu]或Dryad[datadryad.org]。

**（2）开放内容**

5Rs为开放内容提供了更开放的定义。开放内容是“任何获得版权保护的作品，其许可方式是为用户提供自由和永久的参与5R活动的许可：保留、重用、修订、重新混合、再发布。在传统意义上，上述作品不包括软件，因为软件由‘开源’等其他术语描述”（Wiley，2020）。

**（3）万维网联盟网络数据**

万维网联盟网络数据最佳实践是与网络数据的发布和使用相关的非常详细的指导方针，旨在帮助支持“一个自立的生态系统”（万维网联盟，2017）。与FAIR原则相比，这些最佳实践深入到了实际的技术实施中，并为数据的发布和使用推荐了具体的解决方案。

数据共享的方法与FAIR原则非常相似，强调满足发布受控访问数据的需要、数据可靠性和持久性的需要，以及商定一套共同规则的需要。

最佳实践均与“优势”相关联：每个优势代表了一种网络上可用数据集的进步（图4-1）。

可以发现，FAIR原则涵盖了所有优势，但万维网联盟框架也涵盖了人类理解和数据可互操作两个优势。第4.3节“数据互操作性介绍”展示万维网联盟最佳实践推荐的一些技术解决方案。

**（4）农业开放数据框架**

除了这些共享数据的一般框架外，还有一些倡议致力于在特定部门倡导开放数据。在粮食和农业方面，在2012年八国集团国际农业开放数据会议达成协议后，2013年10月召开的开放政府伙伴关系会议启动了全球农业和营养开放数据（GODAN）倡议。该倡议的重点是在政府、决策者、国际组织和企业之间建立高级别的支持援助机制。

全球农业和营养开放数据有一份目标声明，迄今已有500多个合作伙伴遵守该声明，该声明的目的是完全开放数据，“全球农业和营养开放数据倡议旨在支持全球开展行动，使农业和营养相关数据在全球范围内可用、可访问和可无限使用”（全球农业和营养开放数据秘书处，2020）。

图4-1 万维网联盟受益于将数据应用于网络的最佳实践

资料来源：万维网联盟，2017。

#### 4.2.1.4 相关数据评估工具

一些工具已被开发出来评估数据的开放性或公平性：一个是开放数据研究所开发的证书（开放数据研究所，2020），建立在opendefinition.org、五星开放数据、阳光原则（Sunlight principles）[①]、万维网联盟数据目录词汇表（W3C DCAT）[②]等框架基础上，是评估和认可高质量开放数据标准的可持续发布的工具；另一个是荷兰数据档案和网络服务部的数据批准印章（Core Trust Seal，2020），非常符合FAIR原则，但更多地与数字存储库的质量相关，而非单个数据集。

### 4.2.2 应用数据共享原则的实用建议

上述一些原则对数据政策具有影响，但大多数原则在技术实施选择方面有深远影响。特别是互操作性原则，许多影响都是非常技术性的，第4.3节“数据互操作性介绍”和第4.4节“农场数据的互操作性”将对其进行更详细的讨论。第4.2节“数据共享的指导框架”仅提供一些一般性建议，可以帮助数据管理者选择适当的工具，或指导开发人员选择技术解决方案，以应用最重要的数据共享原则。

当提及数据目录工具的用处时，将以CKAN和Dataverse为示例。

① 该框架对政府数据的开放性进行评估。

② 该词汇表专为数据目录和数据集的元数据设计。

虽然FAIR原则没有涉及明确的技术实现选择，但蒂姆·伯纳斯-李的五星方案提供了一些示例并指明了具体的技术方向。最重要的文件是上述的万维网联盟网络数据最佳实践（DWBP），它可以帮助确定发布数据的技术解决方案，且经常被第4.2节“数据共享的指导框架”提及。它是一份技术性很强的文件，包含了在网络上发布数据所需的几乎所有的建议，且符合蒂姆·伯纳斯-李的五星标准和FAIR原则。

#### 4.2.2.1 许可

如上所述，蒂姆·伯纳斯-李的五星方案和FAIR框架中的许可规定是不同的。五星方案的许可是开放许可，而FAIR框架中的许可是澄清使用权的任何许可。

当然，这主要是一种数据政策选择，必须考虑以下因素：组织是否有发布开放数据的授权；数据集是否包含敏感数据；数据是否具有商业价值，或可能属于竞争前空间等。数据集的不同部分可以根据不同的许可发布，或将许可应用于特定数据元素，遵循FAIR“模块化”和“重复性”的数据对象模型。

在任何情况下，两种许可方法都可遵循网络数据最佳实践4“提供数据许可信息”，“在网络的数据环境中，数据集的许可可在数据内指定，也可在数据外指定，链接到单独的文档中，机器应可自动检测到发布的数据许可证”（万维网联盟，2017）。

网络数据最佳实践还提供了实施示例：用于表示许可证元数据（都柏林核心术语，schema.org）的词汇表①，甚至机器可读的权利语言，如创意共享权利表达语言、开放数据权利语言和开放数据权利声明词汇。

理想情况下，为了精确起见，许可元数据将指向统一资源识别符或至少是已发布许可证的全球资源定位器。有关开放数据许可的更多信息，请参阅第4.5节。

#### 4.2.2.2 数据服务基础设施：协议、持久性和标识符

本部分向读者介绍了与数据服务基础设施有关的许多体系结构要求②，如存储库、访问层等。这些要求对于选择实现数据服务的技术解决方案至关重要。读者可用这些需求作为选择第三方软件平台的评估标准。

蒂姆·伯纳斯-李的第四星级只是建议：“使用统一资源识别符识别事物，以便指向事物。”

---

① 在互操作性技术环境中，词汇表是为描述或分类资源而规定的一组术语。词汇表可以用简单的文本规范来表示，或更恰当地说，出于互操作性的目的，用机器可适应的模式来表示。它们用于改进数据的语义互操作性。请参见4.3节“数据互操作性介绍”，了解有关语义互操作性的更多信息。

② 数据基础架构由人员、流程和技术支持的数据资产组成。

FAIR框架则对数据服务提出了更高的要求：

- （元）数据被分配一个全球唯一且永恒持久的标识符。
- （元）数据可通过其标识符使用标准化通信协议获得检索。
- 该协议是开放、免费和可普遍实施的。
- 必要时，协议允许认证和授权程序。
- 即使数据不再可用，也可以访问元数据。

关于协议，网络数据最佳实践21“使用网络标准化接口”指出：“建议在设计应用程序接口时使用统一资源识别符、HTTP动词、HTTP响应代码、MIME类型、键入的HTTP链接和内容协商。”该最佳实践明确推荐RESTful统一资源识别符①。

关于持久标识符，最常见的做法是使用解析为全球资源定位器的统一资源识别符或数字对象标识符。

网络数据最佳实践9“使用持久的统一资源识别符作为数据集的标识符”

① 描述性状态迁移（REST）或RESTful网络服务是提供互联网上计算机系统之间互操作性的一种方式。符合REST的网络服务允许系统使用统一的预定义无状态操作集访问和操作网络资源的文本表示（维基百科，2020g）。

在很大程度上基于链接数据框架，并向许多技术性文档提供了有关如何构建统一资源识别符及如何确保持久性的链接。但它也考虑了数字对象标识符，并建议通过将数字对象标识符附加到统一资源识别符模式来合并这两种方法。“数字对象标识符提供了类似的替代方案。这些标识符的定义独立于任何网络技术，但可以附加到‘统一资源识别符存根’中。数字对象标识符是研究数据和图书馆数字基础设施的重要组成部分。”

虽然实现上述所有功能在技术上具有挑战性，但大多数现有数据存储库或目录工具为上传的数据集创建了统一资源识别符，如CKAN；或数字对象标识符，如Dataverse，并使用开放协议。除了HTTP之外，它们还使用REST应用程序接口，如SPARQL或OAI-PMH。

然而，统一资源识别符域是数据服务所有者的责任，应用持久性原则将需要一些策略承诺来维护统一资源识别符域或数字对象标识符。对于统一资源识别符来说，网络数据最佳实践建议了另一种解决方案，“如果数据发布者无法或不愿直接管理其统一资源识别符空间以实现持久性，另一种方法是使用重新定向服务，例如purl.org。这提供了可以根据需要重新定向的持久的统一资源识别符，因此最终位置可以是临时的”（万维网联盟，2017）。

4.2.2.3　数据格式

关于数据格式，存在一些符合所有框架原则的建议：

- 蒂姆·伯纳斯-李的第三星级建议“以非专有的开放格式提供内容，例如CSV而非Excel”（Tim Berners-Lee，2012）。
- FAIR原则互操作性第一点建议是“（元）数据使用正式、可访问、可共享和广泛使用的语言来表示知识”（Force11，2014）。

基本上，数据必须“序列化”，以机器可读的格式公开，而不需要用专有软件。有些格式在技术上是机器可读的，如HTML、Excel，但它们不一定易于解析，要么因为没有严格的结构化，要么因为解析算法是专有的。需要注意的是，解析意味着将文件或其他输入拆分为易于存储或操作的数据片段。

在这个意义上，最完整的建议是万维网联盟网络数据最佳实践12“使用机器可读的标准化数据格式”，“以易于分析的机器可读的标准化数据格式提供数据，包括但不限于CSV、XML、Turtle、NetCDF、JSON和RDF”（万维网联盟，2017）。

大多数现有的数据目录工具在RDF、JSON或XML上公开数据。其中RDF如CKAN，XML如Dataverse。

4.2.2.4　元数据

蒂姆·伯纳斯-李（Tim Berners-Lee）的五星方案没有提到元数据。FAIR原则规定了元数据在可查找性方面的基本作用：

- 用丰富的元数据描述数据。
- 元数据指定数据标识符和可重用性。
- （元）数据具有多个准确和相关的属性。
- （元）数据发布时有明确且可访问的数据使用许可证。
- （元）数据与其出处相关。
- （元）数据符合相关领域的社群标准。

关于元数据，需要注意的一点是，如果使用第三方软件工具，这些工具可能会附带其元数据模型和元数据公开层。这意味着在大多数情况下，修改它们意味着破解编程代码，因此修改元数据具有挑战性。这些工具的确倾向于遵守现有的元数据标准，但这并不总是正确的。例如，CKAN使用万维网联盟数据目录词汇表公开元数据，尽管不完全符合标准。在某些情况下，添加特定领域的标准可能会有所帮助，例如遵守"（元）数据满足相关领域的社群标准"。

因此，一方面，在采用第三方工具的元数据模型之前，对其进行评估至关重要；另一方面，希望工具允许数据管理人员轻松地调整元数据模型。即使元数据模型由数据软件管理，也可查看网络数据最佳实践1"提供元数据"，尤其是关于机器可读的元数据。首先，根据使用易于解析格式的最佳实践，建议以Turtle或JSON等格式序列化元数据，然后使用现有词汇。在定义机器可读元数据时，强烈建议重用现有的标准术语和流行词汇。例如，应使用都柏林核心元数据（DCMI）术语和数据目录词汇表来提供描述性元数据。

考虑到适当的数据集词汇表应包括这些元数据，使用现有的元数据标准有助于实现FAIR的要求，即"（元）数据符合相关领域的社群标准"，并有望实现元数据的许可和出处要求。

#### 4.2.2.5 元数据和目录

理想情况下，数据集的元数据应该在数据集内部以便自我发现。许多结构化的格式和词汇表具有层次或关系模型，这些模型包含数据集和实际数据的元数据。

然而，自我发现可能会假定一个分布式数据集和数据集存储库的现有基础架构，这些基础架构公开标准化元数据，并通过分布式搜索进行爬网或联合，但事实并非如此。FAIR原则预见到，数据集元数据在数据集目录中注册，以便更容易查找，"（元）数据在可搜索资源中注册或索引"（Force11，2014）。

许多数据存储库和数据服务工具通常还提供良好的数据目录功能，提供元数据搜索功能，并通过应用程序接口公开所有元数据。

甚至蒂姆·伯纳斯-李（Berners-Lee，2006）也在链接数据设计页面上添加了一条注释："2010年，人们一直在向我施压，要求我为政府数据添加一项新要求，即政府数据应该有关于数据本身的元数据，且该元数据应该可从主要目录中获得……是的，应该提供与数据集相关的元数据。”

4.2.2.6 链接

蒂姆·伯纳斯-李（Tim Berners-Lee）的第五星级方案建议“将数据链接到其他数据以提供上下文环境”。

FAIR原则互操作性建议“(元）数据包括对其他（元）数据的引用资格”。

这意味着，与其用传统的本地名称表示类别、国家或度量单位，不如从权威来源以链接的形式对该概念进行引用，以便在整个系统中准确无误地识别该概念。一种典型的方法是通过在权威系统中分配给它的统一资源识别符来识别这个概念，例如地名地理数据库（GeoNames）中国家的统一资源识别符。这是链接数据体系结构的核心，也是语义网络的基本机制。

网络数据最佳实践10“在数据集中使用持久的统一资源识别符作为标识符”建议：“数据集应尽可能使用并重用他人的统一资源识别符作为标识符。”选择第三方工具时，应以此作为标准，如果开发新工具，也应以此作为要求。到目前为止，最流行的工具似乎既不允许将内部概念链接到外部概念（如类别)，也不允许将统一资源识别符用作元数据元素的值（字符串除外，未将其视为资源)。因此，目前很难使用Dataverse或CKAN等工具来满足这一要求。

总之，数据管理人员必须分析实施主要数据共享框架要求的实际影响，并相应地就其数据存储库或服务做出明智的决策。

## 4.3 数据互操作性介绍

数据互操作性是指数据集无需其他操作，即可被任何系统重用的能力。数据互操作性有不同的层次：基于机器可读格式（如CSV）和易于解析的结构（如JSON)，数据在技术上可以互操作，但为了让外部系统对数据集执行更多操作，结构中数据的“含义”必须明确，这是通过使用元数据和值实现的语义互操作性，这些元数据和值以前被赋予了明确的含义和可跨系统使用的标识符。

本节介绍了数据互操作性的不同层次：基础或基础架构（开放协议)、结构（文件格式和内容结构）和语义（使用商定词汇表中的元数据和值)。它只提供了一个概述和一些示例：掌握数据互操作性技术需要一门专门课程，且只适用于开发人员和数据工程师。然而，对数据重用人员来说，较好地理解可能的技术选择，有益于评估其想重用的数据的互操作性级别；对于农业数据或服务提供商来说，则有益于确保其数据与其他系统的互操作性。

第4.3.4节“语义互操作性：词汇表”指出：词汇表致力于语义互操作性，

因为它是数据互操作性中最受限于部门的地方。虽然协议和格式/结构与部门无关，但语义是在特定领域创建和商定的，对于农业数据，了解该领域发布了哪些语义结构及发布在哪些子域或其数据类型至关重要，其中，子域如农学、食品和营养、自然资源等，数据类型如土壤数据、天气数据、作物生长数据等。

第4.4节“农场数据的互操作性”侧重于互操作的数据案例，这些数据使用的是为农场数据创建的词汇表。

### 4.3.1 数据互操作性

网络上最常用的“互操作性”定义是：“一个系统或产品无需用户的特殊操作即可与其他系统或产品协同工作的能力。”维基百科将其定义为：“一种产品或系统的特征，该产品或系统的接口完全可以与其他产品或系统协同工作，无论是现在还是未来，是实施还是访问都无任何限制。”

在数据互操作性方面，考虑到数据是在数据集中序列化的，上述定义可以很容易地作为产品应用于数据集。

在农业研究与发展信息共享体系（CIARD）开放农业知识发展社区组织的关于农业数据互操作性的会议进程中，数据互操作性被定义为“数据集的一种特性……由于该特性，数据可轻易地被其他系统检索、处理、重用和重新打包或‘操作’”（农业研究与发展信息共享体系，2011）。

有一些将其定义为“两个系统之间”的互操作性，然而普遍的观点是，当尽可能多的系统可互操作时，某些数据确实可互操作或互操作性增强。更重要的是，通过使用特定的数据格式和应用特定的数据标准，数据可以“通过设计实现互操作”，而不必知道它们将与哪个系统进行互操作：与特定系统的互操作意味着数据将与这些系统“紧密耦合”，而最大化的互操作性旨在与尽可能多的系统松散耦合。

然而，永远不会有通用的或完美的互操作性，即一种适合所有可能情况的数据公开方式。互操作性始终与共享标准和使用数据通用方式的系统相关，这些数据在某些情况下非常广泛和通用，如都柏林核心或schema.org，在其他情况下，则特定于科学或利益团体，如数据规范和基因序列的可视化。

事实上，上述定义仅将互操作性定义为数据（集）的一个特性是正确的，因为它们是互操作的对象，但为了完全实现互操作性，参与者和产品必须合作，由此形成的生态系统更为广泛。数据互操作性标准联盟（DISC）对互操作性的定义强调了“共同期望”的重要性，“数据互操作性是指创建、交换和使用数据的系统和服务能够对数据的内容、上下文和意义有明确、共享的期望”（数据互操作性标准联盟，2020）。

#### 4.3.1.1 互操作性级别

互操作性可以在不同级别得到实现。虽然维基百科区分了语法互操作性和语义互操作性，但医疗保健信息和管理系统协会（HIMSS）在互操作性类型的分类上进行了更细致的区分，“基础互操作性允许来自一个信息技术系统的数据交换被另一个系统接收，且不需要接收信息的技术系统具有解释数据的能力”（医疗保健信息和管理系统协会，2019）。

这一级别是关于基础设施互操作性的，主要是关于传输协议的，由于数据管理员对此不感兴趣，故不做赘述。但基础互操作性还包括一些更高级别的交换协议，主要基于通用的HTTP协议开展工作，例如特殊的REST应用程序接口（OAI-PMH、SPARQL、链接数据应用程序接口等）或基于HTTP内容类型请求的内容协商。数据管理员可能会对此感兴趣，因为在读取和理解数据之前，必须要传输数据，除了以文件传输协议（FTP）下载外，还有其他更方便的方法。

结构互操作性是定义数据交换结构或格式的中间级别，即消息格式标准。结构互操作性定义了数据交换的语法。它确保信息技术系统之间的数据交换可以在数据段级别进行解释。

结构互操作性也是文件格式和数据格式发挥重要作用的级别，是（元）数据成为“机器可读”并可由机器解析的级别：机器越容易解析（元）数据格式或语法（XML、JSON、CSV等），结构互操作性数据就越强。

语义互操作性提供了最高级别的互操作性，即两个或多个系统或元素交换信息和使用已交换信息的能力。

语义互操作性利用了数据交换的结构和数据的编码，包括词汇表，以便接收信息的技术系统能够解释数据，词汇表相关内容请参见第4.3.4节“语义互操作性：词汇表”。

通过结构互操作性，机器可以理解不同的元素是什么及其相互的结构关系；通过语义互操作性，机器还可以理解这些元素的含义，并可使用语义感知工具对其进行处理，进行高级推理。语义技术允许将来自商定词汇表的机器可读的（元）数据语义元素序列化嵌入大多数现有的数据格式中，虽然目前最适合的格式是各种RDF格式，如RDF/XML、Turtle、N-Triples、JSON-LD格式，但是数据格式还做不到这一点。

对于如何实现数据互操作性的更为详细的建议，万维网联盟网络数据最佳实践可能是最好的参考文档。它主要基于“链接数据”方法，但许多建议有助于实现不同级别的互操作性，即使不是针对100%的链接数据。

#### 4.3.1.2 数据和元数据的互操作性

没有元数据的数据无法被机器理解。数据通常与元数据一起提供。

维基百科对数据的定义是“数据是定性或定量变量的值，它属于一组项目”（维基百科，2020k）。数据始终是集合或一组项目的一部分。在集合中的单个项目（如行、记录）中数据是一些变量的值。它们总是封装在某种形式的键值对中，其中键（变量）是赋予数据含义的元数据元素。这一键值对在FAIR原则中被称为“两个概念之间的单一关联”（Force11，2014），它是最小的“数据元素”之一。

键值对中的两个部分都可能存在互操作性问题，因此可以处理元数据的互操作性问题（例如元数据元素的约定模式、约定的变量名称）和数据/值的互操作性问题（例如必须从约定的控制列表/范围中获取值、句法问题）。但由于将受控值和句法或度量单位的规范视为“元数据”也很常见，尤其是因为它们最好由单独的元数据元素定义，而不是在值本身中，因此也可以说互操作性主要与元数据有关。数据的互操作性是通过元数据的互操作性来实现的。例如，元数据“气温”必须具有互操作性，才能获得所需数据的实际值。如果没有相关的元数据，表示该值的数字本身将永远无法发现或理解。

第4.3节遵循的原则与上述FAIR指导原则所采用的相同，当某些内容对数据和元数据的适用性无差别时，使用术语（元）数据。

## 4.3.2 结构互操作性：交换协议

将数据作为服务公开的最流行的协议是开放信息库计划-元数据获取协议（OAI-PMH）和SPARQL。OAI-PMH和SPARQL在技术上是RESTful[①]应用程序接口，与所有应用程序接口一样，公开接受参数的“方法”，这些方法可以通过HTTP请求调用，并返回机器可读的响应。

除了OAI-PMH和SPARQL之外，常见的是通过定制应用程序接口公开数据，其中包含关于参数、数据类型和返回值的标准化文档。

OAI-PMH诞生于图书馆的环境中，主要用于元数据，但也可用于公开任何类型的记录。OAI-PMH应用程序接口方法旨在支持一系列调用，这些调用允许调用方（应用程序）初步检查存储库的元数据，如名称、支持哪些元数据模式、可检索哪些子集等，然后检索根据元数据格式、日期范围和子集过滤的记录。可使用“重新开始标志”以较小的批量来检索记录。

SPARQL（维基百科，2020l）是一种查询RDF数据的语言，但它也是一种协议名称，该协议允许通过HTTP请求发送查询，并以几种支持RDF的格

① 描述性状态迁移（REST）或RESTful网络服务是一种在互联网中提供计算机系统之间互操作性的方法。符合REST的Web服务允许请求系统使用统一的预定义无状态操作来访问和操纵Web资源的文本表示（维基百科，2020m）。

式（RDF/XML、Turtle、JSON等）获取响应。与OAI-PMH相比，SPARQL允许使用强大的RDF三元组语法构建更复杂的查询，并且可以从同一个接口公开三种任何类型的主题，如数据集、组织、地点、主题等。因此可以非常精细地过滤数据，并查找统一资源识别符引用的资源的其他属性，如标签。SPARQL客户端还可以向多个SPARQL引擎发送相同的查询并合并响应：统一资源识别符的使用允许客户合并来自不同系统的相同实体的重复项并合并属性。

其他协议已在科学界开发，以常见的科学数据交换实践为基础，侧重于数据传输的效率以满足大量数据的传输，并利用NetCDF和HDF5等传统的交换格式，请参见第4.4节“农场数据的互操作性”。网络数据存取协议公开源码项目（OPeNDAP）就是一个例子。

网络数据存取协议公开源码项目是一种被地球科学家广泛使用的数据传输架构和协议。该协议基于HTTP，包括封装结构化数据的标准、用属性注释数据以及添加描述数据语义的标准。网络数据存取协议公开源码项目客户端向网络数据存取协议公开源码项目服务器发送请求，并接收各种类型的文档或二进制数据作为响应。服务器上的数据通常是HDF或NetCDF格式，但也可以是任何格式，包括用户定义的格式。与普通文件传输协议（如FTP）相比，使用网络数据存取协议公开源码项目的一个主要优势是能够检索文件子集，并且能够在一次传输操作中聚合多个文件中的数据（维基百科，2020n）。

实施共享数据协议的选择首先受到期望共享数据的社区的影响，然后受到技术因素影响，例如实施容易度、对特定格式的支持以及对数据共享原则的一般支持。例如，网络数据存取协议公开源码项目被美国国家航空航天局、国家海洋和大气管理局（NOAA）等政府机构广泛用于卫星、天气和其他观测到的地球科学数据，因此对于共享此类或类似类型数据的机构来说，它可能是一个不错的选择。另一方面，如需跨社区进行更广泛地共享数据，可以使用自定义应用程序接口或已知应用程序接口，如OAI-PMH或SPARQL。

### 4.3.3 结构互操作性：格式和结构

这是（元）数据成为机器可读的级别。但从字面意义上讲，“机器可读”还不足以实现结构互操作性：为了让机器理解（元）数据结构，即哪些是标签、元数据元素、列名、变量，哪些是值以及是否有层次结构，（元）数据的结构必须足以让机器提取单个值。

换句话说，（元）数据不仅要可读，而且要能被机器“解析”。由于“解析”意味着“将文件或其他输入拆分为易于存储或操作的数据段”，因此格式越规则、越严格，解析就越容易。理想情况下，解析格式有一个已发布的规范，以便开发人员知道如何构建结构，并可以相应地编写解析器。

有许多文件格式可由计算机解析。使文件格式更易于分析、更易于互操作的是：

- 结构的简单性：一方面，结构的元素越少，可能的构造越少，机器就越容易解析文件，因为不需要太复杂的推理。另一方面，格式也应适应复杂的数据结构，最合适的文件格式是将简单性与足够的灵活性相结合以表示复杂数据结构的格式。
- 结构的严谨性和规律性：以不同方式序列化同一事物的选项越少，机器就越容易解析文件并识别每个元素的角色。
- 一个清晰、开放的格式规范让任何开发人员都可以轻松地编写解析器。许多格式与软件产品相关联，因此只有该产品才能正确、完整地解析格式。这就使它们的互操作性级别变低。
- 另一个帮助是软件库和应用程序接口的存在可以解析格式。

根据上述标准，最具互操作性的格式是CSV、XML和JSON。第3.1节“使用开放数据”探讨了这些格式。

NetCDF和HDF5等基于二进制数组的格式，为研究人员保留了一个特殊的位置。这里不做赘述的原因是：不管有多少工具可以读取，它们与特定的软件库联系更紧密；它们更倾向于数据传输的紧凑性和效率，而不是更广泛的互操作性，尤其是语义互操作性；已经开展了一些工作，使NetCDF可以在CSV（CEDA BADC-CSV格式）和XML（UNIDATA NcML）中表示。其他容易进行互操作的格式主要是本地的RDF格式，如Turtle和N-Triples。

RDF是“信息概念描述或建模的通用方法”（维基百科，2020s）。因此，它不是一种格式，也不绑定到特定的格式：任何可以表示基本RDF“语法”（三元组）的格式都可以实现RDF。

RDF语法基于的是主语-谓语-宾语的语句；每个语句都是一个三元组，假设这样的三元组组合可以表示和描述所有情况。理想情况下，语句的三个部分都应该由始终精确指引同一实体的统一资源识别符表示。

三元组语法非常简单：

主语（节点）-谓语/属性（弧）-宾语（节点）

<book_war&peace_URI> – <has_title> – ‘War and Peace’

<book_war&peace_URI> – <is_of_type> – <book_ type_URI>

<book_war&peace_URI> – <has_author> – <tolstoj_URI>

<tolstoj_URI> – <is_of_type> – <person_type_URI>

<tolstoj_URI> – <has_name> – ‘Lev Tolstoj’

RDF语法已成功应用于：(a) XML：XML/RDF实际上并不是一种新的“格式”，因为在形式上仍是XML，它是用特定约束来执行三元组逻辑的XML；(b) JSON：JSON-LD（用于链接数据的JSON）规范提供了一种将链接数据编码为JSON的方法。

## 4.3.4 语义互操作性：词汇

人类可以通过人类可读的语义来解释数据，这些语义一直以不同的方式用于（元）数据中。例如，可以从土壤类型等权威值列表或常规变量名称中获取用于标识主题或对象颜色的字符串（在种质表型描述中）。如前所述，互操作性就是要被计算机软件所理解，字符串在每个数据集和不同语言中可能是不同的。代码也是如此，如果背后没有参考系，就对计算机没有任何意义，因为代码不允许计算机决定如何处理这些值。

元数据应该包含关于每个变量的信息，每个值来自一个参考系统，即一个语义结构，如同义词库或代码列表。该语义结构必须是机器可读的，并提供一些稳定的标识符，计算机程序可以使用这些标识符作为稳定值来设计其行为，以实现语义互操作性，例如将这些值用作不同数据集的公共搜索值。

因此，一方面，元数据必须将信息嵌入到参考语义的结构上，并指向它们从该结构中使用的确切元素；另一方面，这些语义结构（如数据），必须“序列化”，以便机器能够读取和处理它们，并使用它们来解释数据。

如何以机器可读格式发布语义结构或“词汇表”超出了第4.3节“数据互操作性介绍”的范围。简而言之，这些词汇表是以数据集的形式发布的，其记录是术语、概念及其相关描述、代码、理想情况下机器可读格式的统一资源识别符，目前假设为XML或RDF/XML。

### 4.3.4.1 语义结构或“词汇表”

词汇表是一组约定的术语，它们之间可能有定义的关系。这包括：用于描述元数据的术语，如元数据元素名称、属性、谓词，因此描述词汇表中的术语有元数据模式、本体；用于归类、注释、分类的术语，因此值词汇表中的术语有同义词库、代码列表、分类、权限列表，有时也称为“知识组织系统”(KOS)。

尚无词汇表类型的正式分类，其本身可能是值词汇表的一个有用示例。

限于上文定义的“值词汇表”，创建词汇类型分类法的工作，部分是由都柏林核心计划完成的。其“知识组织系统类型词汇表”非常有助于了解知识组织系统的多样性以及其定义中结合的各种特征：

- 归类方案：松散的分组方案。
- 分类方案：概念一览表和预先协调的概念组合，按分类排列。
- 字典：参考源包含通常按字母顺序排列的单词，以及关于其形式、发音、功能、词源、含义、句法和惯用用法的信息。
- 地名录：命名和分类地点的地理空间词典。
- 词汇表：收集文本词汇或专业术语及其含义。
- 列表：以简单的字母列表或以其他含明显逻辑的方式进行排列的一组有限的术语，不包含任何类型的关系。
- 命名权限列表（或权限文件）：用于命名特定实体的受控词汇表。
- 本体：允许为特定领域表示知识的正式模型；本体描述存在事物的类型，即类；它们之间的关系，即属性；这些类和属性可以一起使用的逻辑方式，即公理。关于如何将本体视为知识组织系统以及描述词汇表、扩展模式，请参见下文。
- 语义网络：表示概念的术语集，以节点建模于变量关系类型的网络中。
- 主题标题方案：结构化词汇表，包括可用于主题索引的术语，以及必要时将它们组合成预先协调的术语字符串的规则。
- 同义词环：一组同义或几乎同义的术语，其中任何一个都可以用来指代特定的概念。
- 分类法：可用于排序和以其他方式组织知识或信息项的类别和子类别方案。
- 术语：属于一种特殊语言的名称。
- 同义词库：受控的和结构化的词汇表，其中概念由术语表示并经过组织，明确概念之间的关系，首选术语伴随着同义词或准同义词的引入条目。

关于描述或建模词汇，没有权威列表，但最常用的类型是：

- 模式（或元数据元素集）：任何元数据元素集，如XML模式、RDF模式或形式化程度较低的描述符集；
- 应用概要文件：一种由从一个或多个名称空间中提取的元数据元素组成的模式，由实施者组合在一起，并针对特定的本地应用进行优化。
- 消息传递标准：该标准描述如何按语法或语义格式化消息，这种消息通常描述某个与事件或时间相关的信息。这些消息由事件触发并以某种方式传输。
- 本体：可以定义具有约束和推理规则的复杂模式。

从上面可以看出，本体论是一种特例，“在计算机科学和信息科学中，本体论是对某一特定话语领域中真正存在或根本存在的实体的类型、属性和相互关系的正式命名和定义”（维基百科，2020p）。因此，它具有多种用途：可以用作描述词汇，使用本体定义的关系甚至类作为元数据元素/属性来描述数据，例如小麦性状本体中的“极端耐温性”或“抗冻性”；可以作为一种值词汇，使用类别或实体作为受控值的术语，例如小麦性状本体论中的小麦疾病（如条锈菌），或世界粮农组织地缘政治本体论中的国家。

有时模式和本体之间的边界是模糊的，但也可认为本体的典型特征是“功能性”而非描述性设计。类、属性，尤其是关系被设计为“可操作”的模型，供应用程序进行推理。然而，目前的趋势是只使用“词汇表”一词，而不深入研究不同类型的定义（万维网联盟，2015）。有关使用不同类型的词汇向（元）数据添加语义的信息，请参见图4-2（Valeria Pesce，2017）。

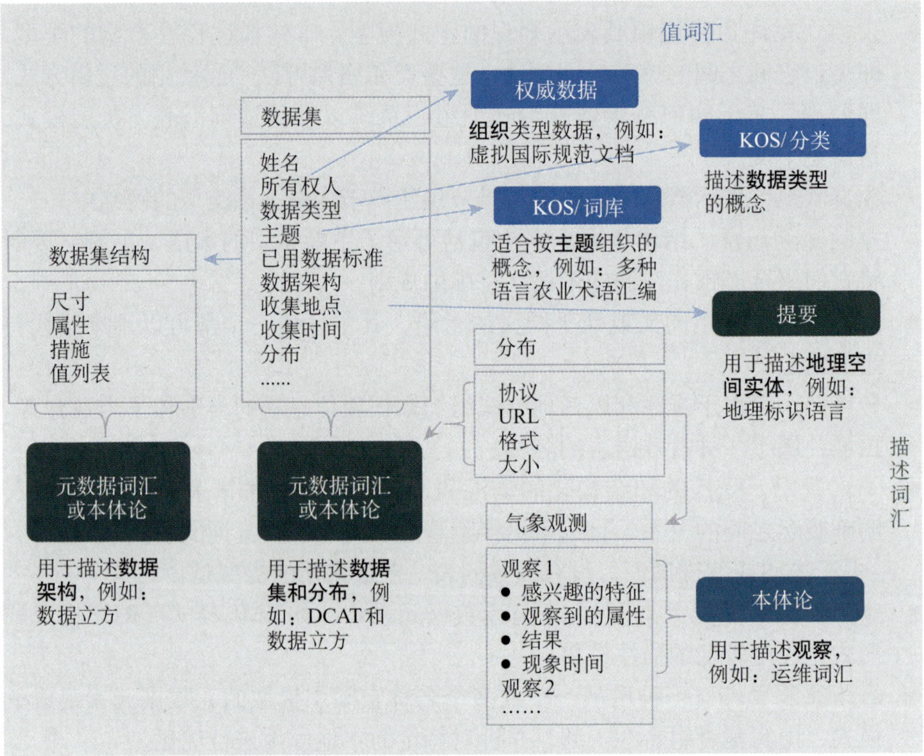


图4-2　使用不同类型的词汇表向（元）数据添加语义的示例

资料来源：Valeria Pesce，2017。

元数据词汇表的示例包括：

- 都柏林核心[www.dublincore.org/specifications/dublin-core/dces]，一个提供元数据元素来描述几乎所有资源的元数据集，如标题、描述、标识符、创建者、日期等。
- 万维网联盟数据目录词汇表[www.w3.org/TR/vocab-dcat]，一个元数据模型，用于描述与数据共享（目录、数据集、分布）相关的不同实体及其关系。

- 多作物护照描述符（维基百科，2020r），这是国际植物遗传资源研究所（IPGRI）和联合国粮农组织联合制定的一项广泛使用的国际标准，旨在促进种质护照信息交流。

值词汇表或知识组织系统的示例包括：

- 多种语言农业术语汇编（AGROVOC）[www.fao.org/AGROVOC]是一个受控词汇表，涵盖联合国粮农组织关注的所有领域，包括粮食、营养、农业、渔业、林业、环境等。
- 地名地理数据库[www.GeoNames.org]是一个权威的地理实体数据库，涵盖645个地理特征，其中包括国家、地区、行政区划及湖泊、河流、山脉等自然特征。

元数据词汇表和值词汇表的组合是一种本体，它们定义了一整套元数据元素和受控值/实体，用于描述和分类特定事物。本体的示例包括：

- 作物本体论[www.cropontology.org]汇编了已验证的概念及其在作物的解剖结构和表型、性状测量和方法、种质与多作物护照术语方面的相互关系。
- 语义传感器网络（SSN）本体[www.w3.org/TR/vocab-ssn]是一个用于描述传感器及其观测、涉及的程序、兴趣的研究特征、用于这样做的样本、观测到的特性及执行器的本体。

除了“词汇表”，用于定义这些资源的其他术语还有“语义资源”或“语义结构”。

#### 4.3.4.2 如何确定最合适的公开词汇表

为发现可用的公开词汇表，最有用的信息来源是专门用于农业食品领域的目录。但按域搜索的一般目录也会有所帮助。记录保管处被视为元数据目录，提供词汇的描述和分类，并链接到原始网站和标准的原始序列。存储库托管词汇表的全部内容，因此可以浏览术语本身。以下是一些现有数据标准和词汇目录/存储库的概述：

**（1）农业食品领域**

- 全球农业和营养开放数据的数据标准行动图[vest.agrisemantics.org]，一个农业食品领域的数据标准目录，具有不同的类型和格式，根据子域、数据类型、格式和其他标准进行分类。
- 农业门户网站[AgroPortal.lirmm.fr]，一个本体论和值词汇库，专门研究农学和食品。
- Planteome[browser.Planteome.org/amigo]，植物生物学的本体数据库。

（2）常规领域

- FAIRsharing[FAIRsharing.org]，从生命科学的标准生物共享目录演变而来的，现在是不同类型数据标准的通用目录。它有一个良好的标签系统，但农业食品标准的覆盖率仍然很低。
- 链接开放词汇表（LOV）[lov.okfn.org/dataset/lov]，跨所有学科的RDF词汇表目录。它不是按领域或学科组织的，只能通过少量免费标签浏览词汇表。
- 巴塞尔同义词库、本体论和分类登记册（BARTOC）[BARTOC.org]，包括所有主题领域中所有类型的任意格式的知识组织系统。词汇的分类十分通用，对于食品和农业来说，部分属于纯科学，部分属于技术，无需进一步细分。

除选择适合所管理的数据的词汇表外，还有其他标准可用于选择最合适的词汇表：

- 语义网络的理想实现途径是通过名称空间、统一资源识别符和链接数据方法。为了能利用这些技术，最好选择已发布为RDF的词汇表（XML也是一个不错的选择），并遵循链接数据方法，使用统一资源识别符链接到其他词汇。
- 最好选择广泛使用的词汇表，以便数据可以与更多的数据集和系统进行互操作。如现有词汇不能满足当前需要，可创建一个新词汇并进行发布。理想情况是与社区中的其他合作伙伴合作，以确保词汇的广泛采用。

4.3.4.3 在（元）数据中嵌入语义

语义互操作性可以在不同的级别上实现，其实施根据所使用的数据格式和计划使用的词汇表的不同而有所不同。

（1）使用元数据模式

通过识别具有描述数据所需的类和属性的元数据词汇表/模式，可重用其来建模和表示数据。

通过使用现有的已发布模式，数据在语义上将有更强的可互操作性。这是因为没有使用本地元数据元素名称，而是使用了已发布词汇表中的元素名称，因为本地元数据元素名称对计算机来说毫无意义。软件工具可以识别词汇表来处理它，例如，将值与使用相同模式的其他数据集的值进行匹配。所采用的模式成为数据结构的“语言”。所选模式的元素名称将被使用，而不使用本地名称，前缀表明元素来自的模式。

在元数据中显示元素来自已发布词汇表的方法是添加一个标识该词汇表的前缀。

在XML和RDF兼容格式（如JSON-LD）中，前缀可与词汇表的统一资源识别符相关联，因此对词汇表的引用是清晰的。在其他格式中（如CSV），除在列名前使用常规前缀或在属性名称之前使用词汇表的完整统一资源识别符之外，并无其他方法，而在属性名称之前使用词汇表的完整统一资源识别符，对于列名来说并不实用。

在下面的示例中，XML文件为它将使用的所有词汇表或方案定义前缀。“om：前缀”指国际化标准组织（ISO）观测和测量的数据标准（O&M）：

```
<om:OM_Observation
xmlns:om="http://www.opengis.net/om/2.0"
xmlns"gml="http://www.opengis.net/gml/3.2"
xsi:schemaLocation="http://www.opengis.net/
om/2.0 http://schemas.opengis.net/om/2.0/
observation.xsd">
```

定义前缀后，每次使用“om：”前缀时，机器都知道以下属性名称来自O&M词汇表。

（2）**使用数据值词汇表**

另一种略有不同的情况是，为跨系统使用明确的值，用现有词汇表的值作为数据集的值，而不是用元数据/属性。例如，可以使用多种语言农业术语汇编的术语来表示水稻，也可以使用从联合国粮农组织地缘政治本体中的术语来标识一个国家。

一旦确定了合适的词汇表，如果词汇表不使用统一资源识别符，或统一资源识别符不能在数据集中使用，至少可以使用术语的文字值；系统可以识别词汇表，并可将文字与统一资源识别符进行匹配。最好是使用术语的统一资源识别符。

根据使用的数据格式，可以以不同的方式使用值词汇表。在非RDF的XML、CSV或JSON中，统一资源识别符可被用作元素/列/标签的值。例如，在XML中，地缘政治本体国家的统一资源识别符可以用作dc：spatial元素的值，也许可以指定scheme='URI'属性以明确它是统一资源识别符。

理想情况下，使用支持RDF的序列化格式（XML/RDF、Turtle、N3、JSON-LD）可以完全实现语义互操作性。使用RDF的优点是，RDF解析器和爬虫程序通常会从统一资源识别符地址查找其他属性，因此不需要在数据中包含冗余值。

如果没有满足需要的理想的词汇表，需要使用自定义术语，那么可以将本地术语与现有词汇表中类似的或更广泛的术语联系起来。请参见下面的XML示例（图4-3）。

维度（温度）的名称取自受美国国家航空航天局控制的属性名称词汇表，

它使用了完整的统一资源识别符，而该值是度量值的事实是通过使用开放地理空间联盟地理标记语言（GML）受控词汇表中的度量类型值表示的。

```
<om:parameter>
  <om:NamedValue>
  <om:name xlink:href="http://sweet.jpl.nasa.gov/ontology/property.owl#Temperature"/>
  <om:value xsi:type="gml:MeasureType" uom="Cel">22.3</om:value>
  </om:NamedValue>
</om:parameter>
```

图4-3　使用前缀或统一资源识别符来指明外部词汇表中定义的值

资料来源：联合国粮农组织，2020。

## 4.4　农场数据的互操作性

本书探讨来自农民和服务农民的数据的管理，主要涉及农民档案和农场数据管理系统或农场管理信息系统（FMIS）。农场管理信息系统一般处理用于农场决策的具体信息，通常是农艺或技术信息。这些信息有时也用于农民档案平台，常常是为了向农民提供数据驱动的建议，但这类情况并不常见。

严格来说，目前似乎还没有任何制定农民档案数据交换标准的倡议。不过，有些用于农业普查的做法可以提供一些启示（联合国粮农组织，2015）。

农场管理信息系统是相对新兴的领域，属于增值服务。它能将不同类型的（源于农场或外部数据服务的）原始数据（包括作物数据、养分数据、农药数据、土壤数据、天气数据等）整合、处理，有时还与模型比对、进行可视化处理，将它们变成可支持行动的数据。当前，这些服务主要由私营部门提供，已有大公司和小型初创公司开发了各类农场管理服务。

农场管理信息系统必须与采集数据（如土壤湿度）的机械和执行操作的机械（如喷灌器）交互，还可能需要对接其他处理数据的系统。在大多数情况下，数据只能在这些系统内进行互操作，使用的格式与供应商的器械接口高度耦合，没有明显的合作动机，也不需要广泛地分享数据。

不过，对更广泛互操作性的需求还是存在的，主要是为了使不同供应商的机器和数据互联互通，但也有让农场数据在其他农场管理信息系统上实现重用，从而使农民得以自由切换供应商的考量。

本节将介绍农场数据标准的现状，罗列已经公布的标准以及正在研发新标准的项目，提供了一些可互操作农场数据片段的样本，并附评论解释实现互操作的不同方法，以及这些方法如何利用格式和词汇表来实现数据互操作。

这些描述和示例表明，已经有人正在为这一领域的各类型信息制定标准。不过，必须指出的是，这些标准尚未得到广泛接受，它们的采用也不应被视为最佳实践。介绍这些标准的目的是让学习者熟悉可互操作的农场数据，并为数据管理者和开发者提供开发数据互操作新方法的灵感。

### 4.4.1 农场观测数据的标准

农场管理信息系统中常用的某些类型数据存在数据标准，如作物基本数据、作物生长数据、土壤数据和土壤剖面、天气数据等，但这些标准并不是农用工具开发机构开发的。

- 作物基本数据（从种质描述符到官方名称，再到产品分类）已经由如联合国粮农组织、《粮食和农业植物遗传资源国际条约》(ITPGRA)、欧洲食品安全局（EFSA)、美国农业部（USDA）进行标准化处理，研究机构［如国际农业研究协商小组（CGIAR）和国家农业研究所（INRA)］已经开发本体对其核心属性进行建模。
- 一些研究机构出于模型共享或模型复用的目的，就作物生长数据和作物生长模型制定了一些数据标准［如农业模型相互比较与改进项目（AgMIP)、全球农业试验库和数据库（AgTrials)］。
- 土壤观察、土壤剖面和土壤性质（包括化学性质、物理性质）的数据标准已经存在，包括美国农业部和联合国粮农组织的数据分类、欧洲空间信息基础设施（INSPIRE）数据规范。
- 如前几章所示，气象机构创建了天气数据标准。

农场管理信息系统中使用的其他部分数据（机械、传感器及肥料和农药等农业投入相关数据，在某些情况下还涉及销售管理数据）遵循行业标准，而一部分则以封闭的专有格式进行编码。

虽然农场管理信息系统的开发者在导入外部数据（作物核心数据、历史观测数据、气候数据、预测模型）时可能需要关注数据标准，但他们没有理由在存储或进一步重新包装数据时应用这些标准，至少在农场管理数据只用于本地或只在服务网络内使用的情况下是如此。当数据在机械之间或在网络内交换时，通常以供应商（农业投入、机械和软件的供应商）研发的专有封闭格式进行传输。

唯一用于农场管理信息系统与机械间交互的标准是国际标准化组织(ISO）标准，特别是ISO 11783《农林拖拉机和机械串行控制与通信数据网络》

（简称ISOBUS），因为这是机械部件的通信标准。

不过，当前的趋势是在相关服务领域，对于加强数据标准化的呼声越来越高。

- 农民和农民协会组建或加入联盟，目的是实现数据共享，或者至少在软件包间进行数据传输。一些中介机构注意到了数据共享的需求，例如，AgGateway和开放农业数据联盟正在引领所有农场管理数据的标准化工作，或者至少为数据的转移和共享提供通路。
- 不同品牌的机械部件间有效对接插拔以及部件与农场管理信息系统实现通信的需要也存在。AgGateway联盟正与机械供应商、数据供应商和农场管理信息系统供应商一道，为实现数据格式的标准化而努力，至少在不同机械部件间必须通信或必须与农场管理信息系统通信的关键工作流程上实现数据格式的标准化。
- 虽然因为竞争关系和专利的存在，制造商将机械运行的部分数据和信息保存为专有格式，但长久以来在既定交互标准（尤其是ISOBUS）上的合作一直存在。当然也有例外，一些大公司并不遵循ISOBUS标准，更多依靠自身的垄断地位。
- 可能因为希望重复使用来自研究的预测模型（如作物生长模型、气候模型等），所以中间商不得不以兼容方式对数据进行建模。“如果要对观测数据和模拟数据进行比较，那么其元数据以相同方式进行数据描述将会很有帮助”（Eaton等，2011）。农业模式比较与改进项目等倡议所开发的模型以及基于国际农业系统应用联合会（ICASA）标准的作物管理数据标准便是例子。
- 一些国际行业标准（国际标准化组织、联合国等的标准），主要为可追溯性和食品安全而生，在贸易中是规范性标准。一般来说，它们被推荐用于农场同供应商、贸易商和农业食品供应链上的其他伙伴之间的信息交流。

#### 4.4.1.1 现有已公布的数据标准

**（1）联合国标准和国际标准化组织标准**

从监管角度看，这两类标准对农场管理信息系统很重要。一方面，从产品的可追溯性到发票等贸易有关数据，特别是出口数据，都必须符合这两项标准。另一方面，ISO 11783对机器的运作也至关重要。由于支持决策不是制定这些标准的目标，所以天气数据不是必需的，不过这两类标准中确实存在关于不同类型度量和事件条件的段落，也包括天气方面的段落。

- 联合国欧洲经济委员会（UNECE）的标准，特别是《联合国行政、商业和运输电子数据交换条例》（UN/EDIFACT）数据分析表。这是由联合国发布的“数据分析表（DPLOS）”（联合国欧洲经济委员会，2010），其细节部分提供了信息交换中包含的1～n个地块绘图表。

  - 地块上的一般要点（日期、物种、品种、面积、合同等）。
  - 地块的历史信息（以前的作物、土壤增肥等）。
  - 分析（地块土壤分析的细节）。
  - 事件（观察、建议、已采取的行动等）。

- 更多符合《联合国行政、商业和运输电子数据交换条例》的专业“报文”已经创建，并有相关的XML模式。在欧洲，欧洲农业电子数据交换组织正在牵头相关工作，制定包括“农艺观测”（AgroObs）在内的标准（AgroObs是EPIPHYT项目的一部分）。
- 国际标准化组织的标准，ISOBUS是农业行业的通信协议。

ISOBUS第11部分的数据词汇表在数据标准化方面颇具意义。词汇表列出了大量用于从农场传输数据的“实体”（以及相关定义、计量单位和符号），包括从观测到的作物处理和作物属性（喷灌、耕作、播种深度、产量、作物损失等）以及设备，到气象站读取的一些属性信息（如空气湿度和温度）。

**（2）基于研究的农艺数据模型**

以下模式为作物管理而设计，相当适合决策支持，这些模式都涵盖了天气数据。

- DSSAT的ICASA2数据标准：农业技术转让决策支持系统（DSSAT）是由美国的几所大学、美国农业部农业研究司和国际农业系统应用联合会（ICASA）合作开发的软件工具（农业技术转让决策支持系统，2020）。该软件将作物、土壤和天气数据库与作物模型和应用程序相结合，模拟作物管理策略的多年结果。DSSAT还能用实验数据对作物模型产出进行评估，方便用户比较模拟结果与观测结果。这一模型工具包含超过42种农作物的模拟模型，以土壤、天气和作物管理的数据库管理程序以及实验数据为支撑。

DSSAT使用ICASA2数据标准。尽管该软件和标准是为研究目的而创建的，准确说是为田间实验而生，但由于是关于作物生长的实验，而作物生长实验的最小数据集很大程度上与农场管理软件中常用的天气和农艺数据对应。正如标准制定者所说，ICASA旨在“描述几乎所有田间实验或商业作物生产情境”。ICASA标准也被农业模式比较与改进项目作为向模型导入数据的格式（事实上，建立作物生长模型所需的数据也是将模型用于作物生长决策支持工具所需的数据）。

很明显，ICASA设计的初衷就是为了兼容各种格式，包括纯文本、电子表格或结构化格式（包括XML模式）。ICASA标准的核心是变量主列表（国际农业系统应用联合会，2013），这是农业模型变量的命名规则，也用在基于ICASA标准制定的AgMIP标准上，如ACMO（见下文）。当前有计划在可再生农业表型参考平台的运输能源资源（TERRA-REF）项目中，用资源描述框架囊括ICASA，而ICASA数据词汇表也正作为农学本体项目的一部分，被映射到各种本体上。

- 农学本体论（Agronomy Ontology，AGRO）描述了农艺实践、农艺技术和农艺实验中使用的农艺变量。AGRO的基础是农学家确定的性状、ICASA变量和其他现有的本体［如环境本体（ENVO）、测量单位本体（UO）、表型和性状本体（PATO）、信息工件本体（IAO）和生物相关化学实体本体（CHEBI）］。此外，AGRO将以国际农业研究协商小组繁育管理系统为蓝本，开发一个农艺管理系统和田间手册，用以获取农艺数据（Aubert等，2017）。
- 作物本体论（CO）。作物本体论［cropontology.org］由国际农业研究协商小组管理，描述了与作物研究相关的实验设计、环境条件和方法以及对它们的评价。作物本体论的概念被用于建设农艺学数据库和描述库中的数据。

**（3）地理空间和观测数据标准**

除了严格的农艺数据标准，用以观测和测量、涉及相关地理空间维度的标准也非常重要。这类标准中最常用的有：

- ISO 19101领域参考标准模型（国际标准化组织，2014）以及由ISO TC211制定的所有相关标准。前者适用于地理空间数据基础设施，定义了数据集、元数据、特征实例、应用模式和服务之间的关系。ISO 19101模型将特征的概念定义为“现实世界现象的抽象”（可以作为一种类型或实例出现）和“特征类型”（具有共同特征的特征类别）。
- 由开放地理空间联盟（OGC）定义的空间数据模型和网络服务是按照上述国际标准化组织规范（几乎总是作为ISO/OGC联合标准）并围绕开放地理空间联盟地理标记语言（GML）的主要内容建立的，包括网络要素服务、网络地理覆盖服务、网络地图服务（开放地理空间联盟，2020a）。这些服务不是使用FTP在文件层面上共享地理信息，而是在不同层面上允许对地理信息直接进行高颗粒度访问，包括要素和要素属性层面、地理覆盖层面和地图层面。
- ISO 19156:2011/OGC O&M模型。这是一个概念模型，用于观测以及在观测时进行要素取样。ISO 19156:2011定义了一套通用的取样要素类型，主要按拓扑维度分类，因此也嵌入到地理空间要素中。

由于气象学中的关键数据类型之一是天气观测，ISO/OGC的地理空间数据和观测数据方法与天气数据关系密切。另外，开放地理空间联盟的观测和测量时间序列概况（TSML）与传感器建模语言（SensorML）也同属一个框架，并与农场和气象观测有关。

- 在地理空间数据的语义网络方向上，万维网联盟正致力于按照ISO/OGC特征类型的方法对地理空间本体进行梳理，考虑地理空间要素本体和“要素类型”本体。在传感器数据和观测方面，他们已经与开放地理空间联盟共同开发了OGC W3C语义传感器网络本体（开放地理空间和万维网联盟，2017）。
- 在研究人员群体中，用于普通观测的通用数据格式非常流行，如NetCDF（特别是遵循《气候和预报元数据公约》，见下文）、HDF5或被广泛使用的服务（如OPeNDAP）所兼容的一般格式。NetCDF是一套软件库，也是自我描述的、独立于机器的数据格式，支持创建、访问和共享面向数组的科学数据。NetCDF由Unidata开发，是美国大气科学研究大学联盟（UCAR）的一项社区计划（UCP）。
- 天气观测：在NetCDF等格式中，变量名称要么是任意的并只在本地定义，要么是隐含地参考代码清单或代码表格进行编码，而这些代码表单不支持机读；推荐的语法和衡量单位有时以人类可读的方式在元数据中表示，有时在所附的指南中描述，有时甚至是隐而不宣（例如，常见的科学惯例）。更好的做法是“变量和维度的名称应该是有意义的，并符合某一相关惯例”。

针对NetCDF，已为气候和预报数据的命名制定了公约，称为《气候和预报（CF）元数据公约》，简称“CF公约”，用以“定义元数据，对每个变量中的数据代表什么以及数据的空间和时间属性提供明确的描述，使得使用不同来源数据的用户能够决定哪些数量可以比较，并推动建立具有强大的提取、重新网格化和显示能力的应用程序”（CF元数据，2020）。

- 数据集元数据：第4.3节“数据互操作性介绍”介绍了数据和数据集元数据标准化之间的区别。上面描述的许多现有的观测标准（ISO 19101 OGC地理空间标准、NetCDF和CF公约）规定了数据集的元数据公约。数据集元数据还应该包括对数据集的内容和结构的描述，例如观察到的现象、数据集的尺寸、计量单位等。旨在提供语义网络方法来描述数据集结构及内容的RDF词汇表中就包括万维网联盟的DataCube词汇表（万维网联盟，2014）。

**（4）农场管理数据的模式**

据我们所知，除了像AgGateway等倡议正在开发的标准外，AgroRDF是唯一公布的用于表示和描述农场工作的数据标准。

- 农业技术和结构协会（KTBL）的AGROXML/AGRORDF agroXML是iGreen项目开发的XML/RDF模式，用于表示和描述农场工作。

agroXML由农业软件系统制造商、机械公司、服务提供商和研究机构成员组成的开发团队所开发。agroXML提供了用于表示农场工作过程数据（包括跟踪肥料、农药、作物等生产供给）的元素和XML数据类型。agroXML可作为文件格式用于农场管理信息系统，也可以用于网络服务以及农场与外部利益相关者间的交互。作为结构化、标准化和便捷的数据交换手段，agroXML涵盖了与农场活动相关的主题，包括作物、作物种类、化学物质、收获日期和发动机功率等。

#### 4.4.1.2 使用某些数据标准和正在开发新标准的项目

以下这些项目通常用于田间实验和作物生长建模，有着同样的数据需求。

- APSIM [www.apsim.info]：农业生产系统模拟器（APSIM）是国际公认的高度先进的农业系统。APSIM倡议（AI）于2007年提出，目的是促进农业生产系统模拟器科学模块和基础设施软件的发展和使用。AI的创始成员包括澳大利亚联邦科学与工业研究组织（CSIRO）、昆士兰州、昆士兰大学。新西兰的AgResearch有限公司在2015年成为缔约方，其他组织也可以随时申请加入。APSIM包含一整套模块，能够对涵盖一系列植物、动物、土壤、气候和管理互动行为的系统进行模拟。

在数据标准方面，为使信息格式化输出，APSIM使用了一种叫作数据描述标记语言（DDML）的XML模式来表示数据类型、单位、尺度，并用模拟描述标记语言（SDML）来表示模拟数据。

据我们所知，这些格式不是交换标准，不在APSIM软件外使用。不过，数据可以导出为CSV格式，可以被AgMIP等工具读取，还可以导出为R包直接导入R平台。

- AgMIP [tools.agmip.org]：农业模式比较与改进项目（AgMIP）旨在通过比较各类方法来改进作物和经济模型，形成预测，并为研究气候变化如何影响农业和农业如何适应气候变化的作物经济建模人员强化评估。

AgMIP还与气候变化与农业和粮食安全研究计划的AgTrials项目就元数据标准进行合作。AgMIP使用了一些自己的标准（如ACMO和ACE），但也大量重复使用并扩展了ICASA2标准。AgMIP提供了QuadUI，这是一个简便的桌面应用程序，将作物建模数据转换为标准的AgMIP格式（JSON）后，再转换为兼容适用多个作物模型的格式。目前，该应用程序可读取以DSSAT格式或协调处理过的AgMIP CSV格式打包的天气、土壤和田间管理信息。目前支持DSSAT（ICASA2）和APSIM等输出格式。

他们还提供AgMIP作物模型输出（ACMO）桌面工具，帮助从模型的输出中生成ACMO文件（ACMO，2013）。AgMIP团队开发了AgMIP作物实验（ACE）协调数据格式，用以克服不兼容的文件组织和结构。数据元素的定义以ICASA标准为基础，该标准为农业实践的描述和定义提供了一个全面和可扩展的本体。数据在ACE中使用JSON键值对结构进行管理。每个键值对中的键对应ICASA的参数定义和单位。

- AgTrials[www.agtrials.org]：AgTrials由国际农业研究协商小组开展的气候变化和农业食品安全研究项目进行管理。到目前为止，AgTrials是一个汇编和存储农业技术性能信息的alpha版本网络应用，能够收集、组织和上传过去30年间进行的800多项试验的原始数据及其相关元数据，涵盖非洲、南亚和拉丁美洲等20多个国家以及16种作物和7种牲畜。它与作物建模倡议AgMIP和环球期货（Global Futures）有合作。AgTrials的结果以AgMIP格式产出，并可以作物本体论进行建模。

### 4.4.2 来自行业和用于行业的项目

当然，有数百个农场管理信息系统使用一些内部数据模型，并以某种格式存储数据，但在大多数情况下，它们关注的是终端用户，并没有明确其数据格式，也没有参与数据标准的创建或谈判。另一方面，有一些倡议则在更广泛的层面上开展工作，涉及不同行业部门的行为者，这些倡议侧重于农场管理数据信息的互操作性。

- AgGateway：这是一个由服务农业产业的企业所组成的非营利性联盟，目前有230多家成员公司，在八个主要领域从事电子连接（eConnectivity）活动，即农业零售、系统软件开发与服务、作物营养、作物保护、谷物和饲料、精准农业、种子、特种化学品。这一联盟的标准化工作涵盖了农场管理的方方面面。

当前，AgGateway正在开展三个主要项目。(1) 标准化精密农业数据交换（SPADE）项目，该项目旨在建立一个标准框架来简化混合车队田间操作和监管合规性工作，并实现负责农业操作田间数据收集的硬件系统与软件应用间的无缝数据交换。(2) 精准农业灌溉语言（PAIL）项目，提供一种行业级格式，使得目前以各种专有格式存储的灌溉管理系统数据得以交换和使用。(3) 农业数据应用编程（ADAPT）工具包，使不同的精准农业软件和硬件应用之间具有互操作性。

AgGateway以不同形式发布他们的准则和标准：有些是公开的，有些则只对会员开放（AgGateway，2020）。这些标准旨在供开发农场管理数据系统的中介机构使用，也供机械制造商使用。这些标准是数据模型和受控词表。其中，数据模型以XML模式表示，但可以根据具体准则翻译成XML和JSON

格式。

- 开放农业数据联盟（OADA）：联盟成立于2014年初，是一个得到业界广泛支持的开源项目，由普渡大学的开放农业技术和系统集团（OATS）牵头，在全球拥有超过25个商业伙伴。目标是帮助行业为农民实现数据自动流动，使农民能够从数据驱动的决策中受益，并不再为数据和不兼容系统而苦恼（Ault，2016）。该联盟旨在通过开发开放数据共享标准（也就是应用程序接口）和开源软件库，作为数据生成和数据消费间的渠道，从而实现其目标。他们还希望推动农民数据在服务提供商间的轻松转移，并允许农民和其他行动者（供应商或顾问）在同一平台上以具体而高颗粒度的访问权限为基础开展合作，而不是关注数据的所有权问题。该联盟的关注点是访问权，致力于推动赋予和撤销数据访问权的协议。

开放农业数据联盟的目标与AgGateway相似，只是方法不同：AgGateway关注通用数据模型、数据格式和受控词表，而开放农业数据联盟更关注网络服务方面，比如他们开发了天气和土壤湿度数据的实时连接应用程序接口（Ault，2016）。

- AgroConnect：这是在欧洲研究中我们发现的唯一一个专注农场管理数据系统数据标准的倡议。AgroConnect与AgGateway的目标非常相似，两者合作非常密切。AgroConnect协会的成员是与农民进行商品、服务和农产品交易的公司和组织。还有一组利益相关者是农场管理信息系统供应商，“所有这些公司和组织都有一个共同的目标，那就是让在农业供应链上的所有参与方都能轻松交换数据”（AgroConnect，2020）。

AgroConnect推广标准数据模型，用于数据交换的标准接口定义（电子数据交换系统发文、应用程序接口等），识别农场、人、农田、动物的标准，所有类型的标准代码表（如用于作物类型、土壤类型、动物类型等的代码表）以及数据交换的标准协议。

似乎没有其他同类倡议旨在通过使用农场管理信息系统和对接不同利益相关者来实现数据共享。显然，围绕ISOBUS标准，欧洲的农场管理信息系统标准化程度很高，但没有覆盖农场管理信息系统工作流程中非拖拉机、非典型机械的环节，其目的也不是在各种系统间实现数据传输。目前，有人试着通过SmartAgriFood加速器［smartagrifood.com］和AGICOLUS［www.fiware.org/success- stories/agricolus］等项目吸引行业围绕FIWARE平台［www.fiware.org］建立数据交换平台，但除了ISOBUS之外，似乎还没有多少数据标准方面的努力。

### 4.4.3 可互操作观测数据实例

本节的目的不是让学习者成为XML、JSON或RDF数据序列化的专家，甚至也不打算让读者对所介绍的数据序列化片段有一个全面理解。这里展示以不同方式表达的数据片段，目的是让学习者熟悉可互操作农场数据的形式，并为致力于强化数据互操作性的数据管理者、服务提供者和开发者提供灵感。

**（1）使用DataCube RDF描述观测数据集结构的数据集元数据**

图4-4中给出的例子描述了一个数据结构，其设计的目的是包含一个测量值（即最低日空气温度的平均值，表示为一个来自ICASA主变量列表的常规统一资源识别符，未发表）和测量值所在区域的面积、周期、标识符这三个维度。也就是说，这些就是数据集里的数据，而数据使用的名称和属性也便是这里表示的值。

这个例子使用了RDF Turtle语法和包括都柏林核心（dct：前缀）和DataCube（qb：前缀）在内的词汇表。

上面提到的ISO 19101系列中的ISO 19115“地理信息-元数据”也是合适的词汇表，涵盖了数据集的几十个元数据元素。虽然ISO/TS 19139已经为ISO 19115提供了一个XML模式，但澳大利亚联邦科学与工业研究组织还是开发了一个ISO 19115的RDF（OWL）表示。

```
eg:dataset-le3 a qb:DataSet;
  dct:title            "Minimum daily air temperature 2004"@en;
  rdfs:label           "Minimum daily air temperature 2004"@en;
  dct:description      "Minimum daily air temperature 2004 - From fields..."@en;
  dct:publisher        eg:organization ;
  dct:issued           "2010-08-11"^^xsd:date;
  dct:subject          <http://aims.fao.org/aos/agrovoc/c_230> ;
  qb:structure         eg:dsd-le3 ;

eg:organization a foaf:Organization;
  foaf:name            "Test organization";

eg:dsd-le3 a qb:DataStructureDefinition;
  # The dimensions
  qb:component         [ qb:dimension    eg:refArea;       qb:order 1 ];
  qb:component         [ qb:dimension    eg:refPeriod;     qb:order 2 ];
  qb:component         [ qb:dimension    eg:field_id;      qb:order 3 ];
  # The measure(s): "Minimum daily air temperature, average" from ICASA variables
  qb:component         [ qb:measure      <http://purl.org/icasa/variables#tmina>];
  # The attributes
  qb:component         [ qb:attribute sdmx-attribute:unitMeasure;
                           qb:componentRequired "true"^^xsd:boolean; ] .
```

图4-4 使用DataCube对数据集元数据和数据结构进行RDF编码的实例

资料来源：联合国粮农组织，2020。

### （2）使用O&M XML记录22.3°C温度条件下水果重量的测量结果

图4-5中给出的例子选择一个农业实验的观测数据集。这个例子使用了针对O&M的ISO数据标准的XML模式，展示了如何使用O&M XML模式中的元素来描述22.3℃温度条件下水果重量测量值这一简单的观测结果。


```xml
<om:OM_Observation <!-- namespaces hidden -->>
<gml:description>Observation test instance: fruit mass</gml:description>
<gml:name>Observation test 1</gml:name>
<om:type xlink:href="http://www.opengis.net/def/observationType/OGC-OM/2.0/OM_Measurement"/>
<om:phenomenonTime> <!-- hidden --> </om:phenomenonTime>
<om:resultTime xlink:href="#ot1t"/>
<om:procedure xlink:href="http://www.example.org/register/process/scales34.xml"/>
<om:parameter>
  <om:NamedValue>
  <om:name xlink:href="http://sweet.jpl.nasa.gov/ontology/property.owl#Temperature"/>
  <om:value xsi:type="gml:MeasureType" uom="Cel">22.3</om:value>
  </om:NamedValue>
</om:parameter>
<om:observedProperty xlink:href="http://sweet.jpl.nasa.gov/2.0/phys.owl#Mass"/>
<om:featureOfInterest xlink:href="http://wfs.example.org?request=getFeature&amp;featureid=fruit37f "/>
<om:result xsi:type="gml:MeasureType" uom="kg">0.28</om:result>
</om:OM_Observation>
```


图4-5　使用O&M模式的XML格式观测实例

资料来源：开放地理空间联盟，2020b。

### （3）使用O&M JSON测量特定点的空气温度

图4-6给出的例子展现了如何使用O&M JSON模式描述一个简单的观测，即特定点位上空气温度的测量值。虽然没有使用前缀，但JSON遵循O&M JSON模式这一点说明其使用的属性来自O&M。使用的标签（“被观察属性”“相关要素”）和嵌套结构（“uom”位于“result”之下）清楚地表明，即使格式不同，其模式与之前XML例子中使用的模式依然一致。

在XML文件中，前缀“om：”将被映射到XML模式的命名空间；在JSON文件中，@context会是JSON模式的统一资源识别符。在这两种情况下，任何解析数据集的软件都将以相同方式解释这些元素或标签。

### （4）在JSON中使用ICASA变量名的田间实验数据

前面提到的ICASA数据标准（White等，2013）已被序列化为JSON。图4-7中给出的例子是一个使用ICASA数据模型和变量的JSON编码的实验。ICASA没有使用统一资源识别符，而是使用短编码的变量名。所有的编码都在ICASA主变量列表中，该列表定义了所有变量的含义并构成了ICASA的语义资源，这说明“fielele”意为“田间海拔”，而“icpcr”指“残留物，前茬作物代码”（国际农业系统应用联合会，2013）。

```
{
 "id":"measure-instance-test",
 "type": "Measurement",
 "phenomenonTime": { "instant":"2011-05-11T00:00:00+10:00" },
 "observedProperty": {"href":"http://environment.data.gov.au/def/property/air_temperature"},
 "procedure": {"href":"http://www.opengis.net/def/waterml/2.0/processType/Sensor"},
 "featureOfInterest": {"href":"http://waterml2.csiro.au/rgs-api/v1/monitoring-point/419009/"},
 "resultTime": "2011-05-12T09:00:00+10:00",
 "result": {
        "value": 3.2,
        "uom": "http://qudt.org/vocab/unit#DegreeCelsius" }
}
```

图4-6　使用O&M模式的JSON格式观测实例

资料来源：开放地理空间联盟，2020b。

```
"exname": "UFGA8201MZ_1",
"local_name": "NIT X IRR, GAINESVILLE 2N*3I",
"people": "BENNET,J.M. ZUR,B. HAMMOND,L.C. JONES,J.W.",
"institution": "UNIVERSITY OF FLORIDA, GAINESVILLE, FL, USA",
"site": "IRR.PARK,UF.CAMPUS 29.63;-82.37;40.;FLA",
"tr_name": "RAINFED LOW NITROGEN",
"id_field": "UFGA0002",
"wst_id": "UFGA",         /* weather station id */
"soil_id": "IBM2910014", /* soil id            */
"fl_lat": "29.63",       /* latitude           */
"fl_long": "-82.37",     /* longitude          */
"flele": "40",           /* field elevation    */

"initial_condition": {
    "icpcr": "MAZ",          /* previous crop was maize        */
    "icdat": "19820225", /* date for initial conditions    */
    "icrt": "100",           /* initial root residue kg/ha     */
    "icrag": "1000",         /* initial surface residue kg/ha */
    "icrn": ".8"             /* initial residue N %            */
    "soilLayer": [           /* init soil layer data:          */
    /* depth (cm), moisture (frac),      NH4 (ppm),    NO3 (ppm) */
    {"icbl":  "5", "ich2o": ".086", "icnh4": ".5", "icno3": ".1"},
    {"icbl": "15", "ich2o": ".086", "icnh4": ".5", "icno3": ".1"},
    {"icbl":"180", "ich2o": ".258", "icnh4": ".5", "icno3": ".1"}
    ]},

"management":{
    "events":[
       {"event":"fertilizer",         /* Fertilizer application  */
              "date":"19820225",      /* Feb 25, 1982             */
              "fecd":"FE001",         /* Ammonium nitrate         */
              "feacd":"AP001",        /* Broadcast, incorporated */
              "fedep":"10",           /* 10 cm deep               */
              "feamn":"27"},          /* 27 kg[N]/ha              */
```

图4-7　使用ICASA标准以JSON格式描述的实验实例

资料来源：White等，2013。

由于变量是由代码而不是由统一资源识别符识别的，而且代码甚至没有与可机读文件中的定义相关联，软件工具无法查询代码含义，也无法推断代码背后的指代语义。因此，即使ICASA变量可能是最完整的农业实验列表，并被用于其他系统，目前使用这些变量并不能确保完全的语义互操作性。在本体论中表达ICASA变量的工作还有待进行。

### （5）使用扁平式ICASA变量的天气观测结果

ICASA的变量可以扁平数据或列名的形式使用。图4-8给出的例子中，变量定义在文件的开头提供，主要是供人阅读。尽管ICASA变量作为简单的字符串使用，但因为它们来自受控词表，所以可以实现良好的互操作性。例如，可以使用ICASA变量与其他数据集进行汇总。

```
! SRAD     daily Insolation Incident On A Horizontal Surface (MJ/m^2/day)
! T2M      Average Air Temperature At 2 m Above The Surface Of The Earth (degrees C)
! TMIN     Minimum Air Temperature At 2 m Above The Surface Of The Earth (degrees C)
! TMAX     Maximum Air Temperature At 2 m Above The Surface Of The Earth (degrees C)
! RH2M     Relative Humidity At 2 m (%)
! TDEW     Dew/Frost Point Temperature At 2 m (degrees C)
! RAIN     Average Precipitation (mm/day)
! WIND     Wind Speed At 10 m Above The Surface Of The Earth (m/s)
*WEATHER DATA: NASA

@ INSI    WTHLAT    WTHLONG  WELEV    TAV    AMP   REFHT   WNDHT
  NASA    33.500    -80.750     39                          10

@ WEYR WEDAY  SRAD   TMAX   TMIN   RAIN   WIND   TDEW    T2M   RH2M
  2017    1    3.4   15.0    6.8    -99    2.2   10.8   11.3   96.7
  2017    2    4.8   20.0   15.1    -99    2.3   16.3   16.7   97.9
  2017    3    6.6   23.4   12.7    -99    4.0   16.3   17.6   92.5
  2017    4    6.4   18.1    8.7    -99    3.6   10.1   13.0   82.2
  2017    5    9.5   16.3    3.7    -99    2.2    5.8    9.8   76.0
```

图4-8　使用ICASA变量的扁平数据实例

资料来源：White等，2013。

### （6）使用RDF格式的SSN/SOSA本体观测树木高度

万维网联盟的“语义传感器网络（SSN）本体”是一个基于开放地理空间联盟SensorML和O&M标准建立的本体（图4-9）。与观测相关性最高的类和属性都在w3.org/ns/sosa的命名空间下，即传感器、观测、样本和致动器（SOSA）。该词汇表遵循开放地理空间联盟的“观测—相关要素—被观察的属性”模型。请注意，这个描述也使用了其他词汇表，特别是用到了一个计量单位的词汇表：

@prefix qudt-1-1：< http://qudt.org/1.1/schema/qudt#>.

```
<observation/1087> rdf:type sosa:Observation ;
 rdfs:label "observation #1087"@en ;
 sosa:hasFeatureOfInterest <tree/124> ;
 sosa:observedProperty <tree/124/height> ;
 sosa:hasResult [
  qudt-1-1:unit qudt-unit-1-1:Meter ;
  qudt-1-1:numericalValue "15.3"^^xsd:double ] .

<tree/124> rdf:type sosa:FeatureOfInterest ;
 rdfs:label "tree #124"@en .

<tree/124#height> rdf:type sosa:ObservableProperty , ssn:Property ;
 rdfs:label "the height of tree #124"@en .
```

图4-9 使用万维网联盟语义传感器网络本体的RDF Turtle格式观测实例

资源来源：开放地理空间联盟和万维网联盟，2017。

### （7）使用DataCube和ICASA变量观测最低气温

观测也可以使用DataCube进行编码，不过在观测实体内部还需要其他词汇表。图4-10中的例子对每日最低温度测量值进行编码。除了前面例子中使用的命名空间，这里还有两个额外的命名空间用于元数据元素，一个用于统计属性（SDMX），另一个用于变量（ICASA变量）：

@prefix sdmx-attribute：< http://purl.org/linked-data/ sdmx/2009/attribute#>。

@prefix icasa-var：< http://purl.org/icasa/variables#>

在tmina属性前使用前缀“icasa-var：”，能够让机器知道应该在http://purl. Org/icasa/variables#所公布的变量列表中查找tmina变量。

```
eg:o1 a qb:Observation;
  qb:dataSet  eg:dataset-le1 ;
  eg:refArea      ex-geo:newport_00pr ;
  eg:refPeriod    <http://reference.data.gov.uk/id/gregorian-interval/2004-01-01T00:00:00/P3Y> ;
  eg:field_id     1234 ;
  sdmx-attribute:unitMeasure   qudt-unit:DegreeCelsius ;
  # tmina: "Minimum daily air temperature, average" from ICASA variables
  icasa-var:tmina  1.7 ;
```

图4-10 使用DataCube和ICASA的RDF Turtle格式观测结果

资料来源：联合国粮农组织，2020。

### 4.4.4 受控变量名称

从上面的例子可以看出，对标准化变量名称的需求很大，目前主要通过两种方式来满足这一需求，一是公布词汇表中的统一资源识别符（如O&M），二是作为控制列表公布的规定字符串/代码（如ICASA）。然而，第二种方法可能也会采用统一资源识别符的方法。

变量名称的问题不仅仅是统一资源识别符或字符串的问题：一个变量名称可以是几个维度的组合，通常是相关要素+被观测属性+观测方法+参数（如每小时+平均值+风速+在10米处）。

AgGateway精准农业灌溉语言标准采用了一种有趣的方法，即把观测结果变为一个键值对，用键表达了所有含义和值。对于变量的每一个方面（时间窗口、聚集水平、相关要素、被观测属性、观测方法、参数等）都有一个受控词汇，观测键是一个新的概念（反过来构成另一个词汇表），它是这些词汇表中概念的正交组合。这里的想法是为所有正交键建立一个注册表。精准农业灌溉语言团队正在考虑将其正交词汇中的最终有效键映射到现有的标准化变量列表。如果对精准农业灌溉语言标准的最新进展感兴趣，可以加入项目社区。

## 4.5 数据的开放许可

第4.2节“数据共享的指导框架”强调了许可数据的重要性，建议无论数据的共享程度如何，无论是完全公开或是有限公开，都应该附有许可证：许可证表明数据在数据谱系任何一点上时是否可以重用以及如何重用（开放数据研究所，2019a）。

考虑到许可证能给予不同权限以及其中涉及的法律问题，许可证是非常复杂的，应根据每个具体项目的实际情况量身定做。特别是，共享和封闭数据这两种情况下的许可证更不可相提并论。因此，很难为非开放数据的许可提供一个全面的指南。

相比之下，由于开放数据已经有了相当明确的定义，而且对其主要要求也有广泛的共识，因此在定义标准的开放数据许可方面已经有了长足的工作进展，可以照单全收。第4.5节的重点是开放数据许可。

在网络上分享数据，使其对所有人公开，意味着数据只能被查看和阅读，但不能被合法地重用或编辑，除非在源头上明确给予权限。回到第2.1节中给出的定义。什么是共享和开放的数据？开放数据是任何人都可以自由使用、重用（修改）和重新分配（共享）的数据。为了实现重用和再分发，数据必须在允许重用和再分发的条款下提供，包括允许数据与其他数据集混合。第4.5节将为读者介绍许可术语和现有许可工具。

### 4.5.1 许可证和重用

许可意味着版权所有者保留所有权，但授权第三方实施其经济权利所涵盖的某些行为，一般限定于特定时间段和特定目的（世界知识产权组织，2016）。为了促进数据的重用，让其他人知道数据库和数据内容的使用条款至关重要。为确保这一点，权利人应在数据上标注相关权限。

有两种方法可以将权限传达给潜在的数据重用者。权利人可以许可被许可方做一些本会侵犯其所持权利的事情。权利人也可以放弃其对资源的权利，从而使侵权成为一个不存在的问题。在这两种情况下，都只有权利人可以通过许可授予权限或放弃权利（Ball，2014a）。

“开放许可”听起来自相矛盾。一般来说，某项内容的许可是许可人和被许可人双方的协议，通常带有条款、许可区域和续期条件的规定。

- 条款规定许可人允许被许可人对内容进行何种操作。例如，被许可人可能被允许使用许可人拥有的软件。
- 许可区域是指在特定地理区域内许可证是有效的。例如，分销商可能有权在欧洲分发数据，但却无权在美国分发。
- 续约条件是按惯例应有的，因为一个协议通常有存续期限，并约定到期后可以（或不能）续约。

在网络的早期，一些人错误地认为他们可以使用网上的内容做任何事情，这是一种误解。如果没有许可证，就不能对数据或其他内容进行除“合理使用”以外的任何操作。如果提供者希望数据是开放的，即可以使用、可以重新分配、可与其他内容混合，就应该提供适当的许可证。这种开放许可证与许多其他内容的许可证不同。

- 为实现普遍参与，没有指定被许可人。
- 为了实现各种使用方式，权利人放弃了大部分或所有的权利，所以没有适用具体条款。
- 开放数据是通过互联网传播的，所以许可证不限于特定许可区域。
- 持续时间与放弃权利的持续时间相同（我们知道版权在一定时间后会失效），所以没有续约条件。

以下开放许可符合“开放定义”的原则（开放知识基金会，2020b）。

- 完全没有限制的公共领域许可证。
- 要求归属于权利人的署名许可证。
- 署名许可证和相同方式共享许可证要求归属并在同一许可证下共享任何衍

生内容或数据（开放数据研究所，2013c）。

### 4.5.2 标准开放许可证

理论上，供应商可以选择定制他们自己的开放许可证。但这是相当复杂的，因为数据可以在世界任何地方重复使用，所以许可证应该在许多不同的法律中有效。幸运的是，有许多标准开放许可证，以多种语言的形式存在，适用于许多不同的立法机构。这些许可证带有不同层次的声明。

- 一个机器可读的版本。
- “公地契约”，即旨在让所有人都能理解的文本，而不仅仅限于法律专家。
- “法律文本”，一种包含法律声明的文本，可以在法庭程序中使用。不同的国家立法机构都有对应的法律文本文件。

标准开放许可证包括：

- 知识共享（CC）[creativecommons.org]。
- 开放数据共享（ODC）[opendatacommons.org]。
- 政府许可证，如英国的开放政府许可证或法国的Ouverte许可证。

关于知识共享和开放数据共享的区别，存在着争论。知识共享许可适用于创作者希望在公共领域提供的各类内容，如音乐和音乐录音、图片或文本（知识共享，2020）。开放数据共享协议的适用对象是数据库中的集合以及数据库的结构，而不是数据库中的单个内容项目。

知识共享和开放数据共享许可证都用于开放数据。政府许可证通常适用于政府组织应满足的法律要求，如《信息自由法案》。不过，知识共享或开放数据共享许可证也通常用于政府数据。

**（1）创意内容的知识共享许可**

知识共享是一个成立于2001年的非营利组织，它提供对数字环境中作品拥有相关许可的工具，从而避免为了授予许可或为了获得许可而耗费时间精力。知识共享许可证默认以英文提供，但也被翻译成其他语言用于其他国家法律体系。知识共享许可证由四个主要条件和六个主要组合构成。

知识共享开放许可的四个主要条件是：

- 署名（BY）：所有的知识共享许可证都要求按照规定方式归属于权利人。
- 相同方式共享（SA）：允许复制、分发、展示、表现和修改作品，前提是任何修改后的作品均以相同条款分发。
- 非商业用途（NC）：允许出于非商业目的对作品进行复制、分发、展示、表现以及修改和使用（除非选择了“禁止演绎”）。
- 禁止演绎（ND）：只允许对作品原始副本的复制、分发、展示和表现。

除了这四个条件外，知识共享还提供公共领域的工具，利用这些工具可以放弃版权利益和数据库权利，让数据得以尽可能自由地使用。

- 知识共享许可协议执照（CC0）：作者放弃了其在作品上的所有版权及相关权利。因为放弃的权利包括数据库权利，所以知识共享许可协议执照适用于数据。
- 知识共享公有领域标志（PDM）：知识共享提供了一个公有领域标记来生成许可证，任何人都可以用它来断言某一作品是否已经进入公有领域。

以下是六种主要的许可证组合及其细节：

- 知识共享署名（CC BY）：这种许可允许其他人分发、重新混合、调整和再创作，甚至是进行商业性的再创作，前提是将原作归属于作者。
- 知识共享署名—相同方式共享（CC BY-SA）：这种许可允许其他人在作品的基础上重新混合、调整和构建，甚至可以用于商业目的，前提是注明原作作者，并对基于原作的创造适用相同条款。
- 知识共享署名—非商业用途（CC BY-NC）：这种许可允许其他人以非商业方式对作品进行混合、调整和构建，虽然其新作品同样必须承认原作作者并只能用于非商业目的，但不必适用相同条款。
- 知识共享署名—禁止演绎（CC BY-ND）：这种许可允许重新分发作品，适用于商业目的和非商业目的，前提是不加改动地完整分发并注明出处。
- 知识共享署名—非商业用途—相同方式共享（CC BY-NC-SA）：这种许可允许其他人以非商业方式重新混合、调整和构建作品，前提是注明原作作者并适用相同条款。
- 知识共享署名—非商业用途—禁止演绎（CC BY-NC-ND）：这种许可是六种主要许可证中限制最大的一种，只允许其他人下载和分享作品，但不能以任何方式改变作品或将其用于商业用途。

“非商业用途”和“禁止演绎”的权利很少或从未用于开放数据。如果不允许形成衍生品，就无法与其他数据集组合或用于应用程序中。在商业和非商业发布之间也有一个灰色地带，如果商业使用被排除在外，那就会没有普遍的参与。

建议使用最新版本的知识共享许可证，这些许可证全球通用。在知识共享4.0国际版本之前的许可证版本并非针对数据专门制定，4.0版本的许可证明确涵盖了独立于版权法的数据库特别权利，比如在欧盟生效的数据库权利。所有版本的许可证都将数据集和数据库作为一个整体来对待，而不会将单个数据本身与数据集/数据库区别对待（Ball，2014b）。因此，在认可多种版权作品的集合等复杂情况下，应该谨慎使用许可证。知识共享许可证的开放程度也很重要。有些知识共享许可证比其他许可证要更加“自由”，比如知识共享许可协议执照、公共领域标志、知识共享署名和知识共享“署名—相同方式共享”，因而被称为自由文化许可证（知识共享，2020）。

**（2）数据库的开放数据许可证**

开放数据共享组织创建于2007年，是开放知识基金会的一个项目，提供类似于知识共享的许可，并且专门为数据库提供设计（表4-2）。开放数据共享组织有以下三种许可：

- 公共领域贡献和许可（PDDL）—“数据/数据库的公共领域”：这项许可允许用户复制、分发和使用数据库（共享），根据数据库创作作品（创建），以及修改、转换和对数据库进行再创作（改编）。公共领域贡献和许可对许可数据库的使用没有任何限制。它与知识共享许可协议执照一样，只是在措辞上特别采用了数据库术语。
- 开放数据共享署名许可（ODC-BY）—“数据/数据库的署名”：这项许可允许用户复制、分发和使用数据库（共享），利用数据库创作作品（创建），以及修改、转换和在数据库基础上进行再创作（改编），前提是用户按照许可规定的方式允许数据库或数据库衍生作品的公开使用。
- 开放数据库许可（ODC-ODBL）—“数据/数据库的署名共享”：这种许可提供了与ODC-BY相同的权限。不过，该数据库的任何改编版本或从改编数据库中产生的作品应适用ODBL；许可人可以对新作品施加技术限制，但必须确保同时存在不受限制的替代副本。

**表4-2　符合开放定义的标准开放许可证**

| 命名 | 许可证 | 署名（BY） | 相同方式共享（SA） | 备注 |
| --- | --- | --- | --- | --- |
| CC0（CC） | CC | 否 | 否 | 放弃所有权利。推荐用于科学数据，使数据挖掘和元分析成为可能 |
| 公共领域贡献和许可（PDDL） | ODC | 否 | 否 | 放弃所有权利。推荐用于科学数据，使数据挖掘和元分析成为可能 |
| 知识共享署名4.0（CC BY） | CC | 是 | 否 | |
| 开放数据共享署名许可（ODC-BY） | ODC | 是 | 否 | |
| 知识共享署名—相同方式共享（CC BY-SA） | CC | 是 | 是 | |
| 开放数据库许可（ODC-ODBL） | | 是 | 是 | |

资料来源：开放知识基金会，2020c。

### 4.5.3 如何使用开放许可证？

开放许可证通常包含多个层次，包括人可读和机器可读的版本。人可读层是供人确认的，机可读层是供机器阅读和处理的。各层次都应该清楚地表明特定内容或数据适用哪一种许可以及该如何被重新使用。知识共享组织和开放数据共享组织在其网站上定义了每种许可应使用的声明和标志。

知识共享组织提供了一个基于网络的工具，即许可证选择器，以帮助选择满足特定需求的许可证。开放数据共享组织还提供关于如何申请许可证的说明。拥有机器可读许可证，其中包括对元数据的完整描述，对于内容和数据被机器（如搜索引擎和网络应用程序接口）正确获取非常重要。开放数据研究所的《开放数据权利声明词汇表出版商指南》就这个问题提供了很好的见解（开放数据研究所，2013b），这对于许可作品在搜索引擎上被正确搜索、浏览或过滤同样重要。这个问题在第3.1节“使用开放数据”和第3.2节“质量和出处”都有详尽讨论。

# REFERENCES | 参考文献 |


**Abalobi – A Mobile App Suite for Small-scale Fisheries Governance.** 2020 [online]. the Republic of South Africa. [Cited 5 May 2020]. http://abalobi.info/about/#graphic-harvest .

**ACMO.** 2013. ACMO (AgMIP Crop Model Output) Data Definitions - In GODAN Agrisemantics Map of Standards [online]. [Cited 27 September 2020].

**Addison, C., Figuères, C., Oweyesiga, H., Muwonge, D., Nsimidala, E., Sezibera, A., Boyera, S., Besemer, H., Pesce, V., Birba, A. & Muyiramye, D.** 2020. Data-driven Opportunities for Farmer Organisations. CTA. (also available at https://cgspace.cgiar.org/handle/10568/108356).

**African Union.** 2014. African Union Convention on Cyber Security and Personal Data Protection. Addis Ababa, African Union. 37 pp. (also available at https://au.int/sites/default/files/treaties/29560-treaty-0048_-_african_union_convention_on_cyber_security_and_personal_data_protection_e.pdf).

**Agbox.** 2020. In Canada Digital Agri-Food. [online]. Canada. [Cited 24 September 2020]. www.digitalag.ca.

**AgGateway.** 2020. Standards & Guidelines. In: AgGateway [online]. [Cited 27 September 2020]. www.aggateway.org/GetConnected/StandardsGuidelines.aspx.

**Agriculture Department.** 2020. Agriculture Statistics. In Tanzania National Bureau of Statistics. [online]. Tanzania. [Cited 24 September 2020]. www.nbs.go.tz/index.php/en/census-surveys/agriculture-statistics.

**Anannya, A.M.A.** 2018. Messages for Safe Fishing in Senegal. In: NRC [online]. [Cited 27 September 2020]. www.nrc.no/expert-deployment/2016/2018/messages-for-safe-fishing-in-senegal.

**Anderson, J.E.** 1974. Public Policymaking. New York, Praeger.

**ArcGIS Desktop.** 2020. How Aspect Works. In: ArcMap [online]. [Cited 1 October 2020]. https://desktop.arcgis.com/en/arcmap/10.3/tools/spatial-analyst-toolbox/how-aspect-works.htm.

**Aubert, C., Buttigieg, P.L., Laporte, M.A., Devare, M. & Arnaud, E.** 2017. CGIAR Agronomy Ontology. In: The OBO Foundry [online]. [Cited 27 September 2020]. https://github.com/AgriculturalSemantics/agro.

**Ault, A.** 2016. Open Ag Data Alliance, Servi-Tech Launch Real-Time Connections API for Weather, Soil Moisture Data. In: Purdue University Agriculture News [online]. [Cited 27

September 2020]. www.purdue.edu/newsroom/releases/2016/Q3/open-ag-data-alliance,-servi-tech-launch-real-time-connections-api-for-weather,-soil-moisture-data.html.

**Ball, A.** 2014a. How to License Research Data: Licensing Concepts. In: Digital Curation Centre [online]. [Cited 27 September 2020]. www.dcc.ac.uk/guidance/how-guides/license-research-data#top.

**Ball, A.** 2014b. How to Licence Research Data. Digital Curation Centre. 16 pp. (also available at www.dcc.ac.uk/sites/default/files/documents/publications/reports/guides/How_To_License_Research_Data.pdf).

**Banisar, D.** 2019. National Comprehensive Data Protection/Privacy Laws and Bills 2019. SSRN [online]. https://papers.ssrn.com/sol3/papers.cfm?abstract_id=1951416.

**BBC.** 2010. Farmers Win Privacy Fight over EU Funding [online]. [Cited 15 September 2020]. www.bbc.co.uk/news/world-europe-11724893.

**BBC.** 2013. Michael Fish's Denial of a Hurricane in 1987 [online]. [Cited 15 September 2020]. www.bbc.co.uk/news/av/world-24713504/michael-fish-s-denial-of-a-hurricane-in-1987.

**Berners-Lee, T.** 2006. Linked Data. World Wide Web Consortium [online]. [Cited 15 September 2020]. www.w3.org/DesignIssues/LinkedData.html.

**Berners-Lee, T.** 2012. 5-star Open Data. [online]. United Kingdom. [Cited 24 September 2020]. http://5stardata.info/en.

**Bloch, S.** 2018. If Farmers Sold Their Data Instead of Giving It Away, Would Anybody Buy? [online]. [Cited 15 September 2020]. https://newfoodeconomy.org/farmobile-farm-data/.

**Bourne, J.** 2007. Bovine TB: The Scientific Evidence. London, Independent Scientific Group on Cattle TB. 287 pp. (also available at www.bovinetb.info/docs/final_report.pdf).

**Boyera, S., Addison, C. & Msengezi, C.** 2017. Farmer Profiling: Making Data Work for Smallholder Farmers. Wageningen, Technical Centre for Agricultural and Rural Cooperation (CTA). 76 pp. (also available at https://publications.cta.int/media/publications/downloads/2014_PDF.pdf).

**Boyera, S., van Schalkwyk, F. & Grewal, A.** 2017. Open Data in Ethiopia: Report on the Open Data Landscape in Ethiopia. Prepared in Support of the Development of the National Policy & Guidelines for the Implementation of Open Data in Ethiopia. Addis Ababa, Ministry of Communication & Information Technology of The Federal Democratic Republic of Ethiopia. 38 pp. (also available at www.academia.edu/38416197/Open_Data_in_Ethiopia).

**Briganti, D.** 2020. W3C XML Schema (XSD) Validation Online. In Utilities-Online.Info. [online]. [Cited 15 September 2020]. www.utilities-online.info/xsdvalidation.

**Brussels Briefings.** 2018a. Projet AGRITIC FEPAB. In: SlideShare [online]. [Cited 15 September 2020]. www.slideshare.net/brusselsbriefings/fepab-agritic-project-west-africa.

**Brussels Briefings.** 2018b. The Impact of Improved Technologies at Igara Growers Tea Factory Ltd (IGTF), Uganda. In: SlideShare [online]. [Cited 15 September 2020]. https://www.slideshare.net/brusselsbriefings/the-impact-of-of-improved-technologies-at-igara-growers-tea-factory-ltd-uganda.

**Build your own tables.** 2019. In HM Revenue & Customs. [online]. [Cited 15 September 2020]. www.uktradeinfo.com/trade-data/help-with-data-tables.

**Carbonell, I.M.** 2016. The Ethics of Big Data in Big Agriculture. Internet Policy Review, 5(1) [online]. https://policyreview.info/articles/analysis/ethics-big-data-big-agriculture.

**Carolan, L., Smith, F., Protonotarios, V., Schaap, B., Broad, E., Hardings, J. & Gerry, W.** 2015. How Can We Improve Agriculture, Food and Nutrition with Open Data? Wallingford, Global Open Data for Agriculture & Nutrition (GODAN). 34 pp. (also available at www.godan.info/documents/how-can-we-improve-agriculture-food-and-nutrition-open-data).

**Carrington, D.** 2017. Huge Increase in Badger Culling Will See Up to 33,500 Animals Shot [online]. [Cited 15 September 2020]. www.theguardian.com/environment/2017/sep/11/huge-increase-badger-culling-see-up-to-33500-animals-shot.

**CARTO.** 2020. Tutorials. In CARTO. [online]. [Cited 5 May 2020]. https://carto.com/help/tutorials/your-account.

**CartONG.** 2017. Benchmarking of Mobile Data Collection Solutions: What Aspects to Consider When Choosing a Tool/Platform. Chambéry, CartONG. 67 pp. (also available at https://blog.cartong.org/wordpress/wp-content/uploads/2017/08/Benchmarking_MDC_2017_CartONG_2.pdf).

**Cecconi, G. & Radu, C.** 2018. Open Data Maturity in Europe. Brussels, European Commission. 113 pp. (also available at www.europeandataportal.eu/sites/default/files/edp_landscaping_insight_report_n4_2018.pdf).

**CF Metadata.** 2020. NetCDF CF Metadata Conventions. In: CF Metadata [online]. [Cited 27 September 2020]. http://cfconventions.org.

**Chicago Data Portal.** 2020. Crimes – 2001 to Present. In The City of Chicago Data Portal. [online]. United States of America. [Cited 5 May 2020]. https://data.cityofchicago.org/Public-Safety/Crimes-2020/qzdf-xmn8.

**CNIL.** 2019. Data Protection Around the World. In: CNIL [online]. [Cited 27 September 2020]. www.cnil.fr/en/data-protection-around-the-world.

**Coherence in Information for Agricultural Research for Development (CIARD).** 2011. Interim Proceedings of International Expert Consultation on “Building the CIARD Framework for Data and Information Sharing” . Rome, CIARD. 242 pp. (also available at www.fao.org/docs/eims/upload/297074/IECProceedings-main-doc.pdf).

**Communauté Economique des Etats de l'Afrique de l'Ouest (CEDEAO) & Economic Community of West African States (ECOWAS).** 2010. Trente Septieme Session de la Conference des Chefs d'Etat et de Gouvernement. Lagos, Nigeria. 24 pp. (also available at www.afapdp.org/wp-content/uploads/2018/06/CEDEAO-Acte-2010-01-protection-des-donnees.pdf).

**Confédération des Associations des Producteurs Agricoles pour le développement.** [online]. the Republic of Burundi. [Cited 5 May 2020]. ww.capad.info/?lang=fr.

**Copa Cogeca, CEMA, Fertilizers Europe, CEETTAR, CEJA, ECPA, EFFAB, FEFAC, & ESA.** 2018. EU Code of Conduct on Agricultural Data Sharing by Contractual Agreement. Copa Cogeca. (also available at www.ecpa.eu/sites/default/files/documents/AgriDataSharingCoC_2018.pdf).

**Core Trust Seal.** 2020. Data Seal of Approval Synopsis (2008–2018). In: CoreTrustSeal [online]. [Cited 27 September 2020]. www.coretrustseal.org/about/history/data-seal-of-approval-synopsis-2008-2018.

**CTA.** 2018a. Jackson Byaruhanga and Hamlus Owoyesiga from Igara Growers Tea Factory Limited, Uganda. [video]. [Cited 24 September 2020] https://vimeo.com/263101646.

**CTA.** 2018b. Hamlus Owoyesiga, Network and Systems Administrator, Igara. Growers Tea Factory Ltd., Uganda. [video]. [Cited 24 September 2020]. https://vimeo.com/262555014.

**CTA.** 2019. Farmer Registration and Profiling: How Did It Go? In: KM4ARD Experience Capitalization [online]. [Cited 27 September 2020]. http://experience-capitalization.cta.int/farmer-registration-and-profiling-how-did-it-go/index.html.

**Data Collaboratives.** 2020. [online]. [Cited 24 September 2020]. http://datacollaboratives.org/.

**Data Interoperability Standards Consortium.** 2020. What is "Data Interoperability?" In: The Data Interoperability Standards Consortium [online]. [Cited 27 September 2020]. https://datainteroperability.org.

**Daunivalu, J.** 2018. Empowering Fijian Farmers with Mobile Apps. In CTA. Resilience and productivity in the Pacific. Experience Capitalization Series 7. Wageningen, Technical Centre for Agricultural and Rural Cooperation (CTA). 68 pp. (also available at https://cgspace.cgiar.org/bitstream/handle/10568/98979/Exp_Cap7_Daunivalu.pdf?sequence=1&isAllowed=y).

**Davies, T.** 2012. Five Stars. In: Open Data Engagement [online]. [Cited 27 September 2020]. www.opendataimpacts.net/engagement.

**de Beer, J.** 2017. Ownership of Open Data: Governance Options for Agriculture and Nutrition. Wallingford, Global Open Data for Agriculture & Nutrition (GODAN). 24 pp. (also available at www.godan.info/sites/default/files/documents/Godan_Ownership_of_Open_Data_Publication_lowres.pdf).

**Dickie, M.R.** 2013. This TechCrunch Disrupt Winner Could Be the Future Of Search [online]. [Cited 15 September 2020]. www.businessinsider.com/techcrunch-disrupt-winner-enigma-2013-5?IR=T.

**DLG.** 2018. Digital Agriculture – Opportunities and Risks. Acceptance: A DLG Position Paper [online]. Frankfurt. [Cited 15 September 2020]. www.dlg.org/en/agriculture/topics/a-dlg-position-paper/.

**DSSAT.** 2020. Data Standards. In: DSSAT.net [online]. [Cited 27 September 2020]. https://dssat.net/data/standards_v2.

**Dyson, L.** 2013. Foodies and Open Data Enthusiasts Rejoice. Code for America [online]. [Cited 18 May 2015]. www.codeforamerica.org/blog/2013/01/17/foodies-and-open-data-enthusiasts-rejoice.

**Eaton, B., Gregory, J., Drach, B., Taylor, K., Hankin, S., Caron, J. & Signell, R.** 2011. NetCDF Climate and Forecast (CF) Metadata Conventions. (also available at http://cfconventions.org/cf-conventions/v1.6.0/cf-conventions.html).

**ecancer.** 2012. Cancer Incidence Predicted to Increase 75% by 2030 – Ecancer. In Ecancer. [online]. [Cited 24 September 2020]. http://ecancer.org/en/news/2870-cancer-incidence-predicted-to-increase-75-by-2030.

**Eligibility Criteria & OGP Values Check Assessment.** 2020. In Open Government Partnership. [online]. [Cited 24 September 2020]. www.opengovpartnership.org/process/joining-ogp/eligibility-criteria/.

**European Commission.** 2018. Communication from the Commission to the European Parliament, the Council, the European Economic and Social Committee and the Committee of the Regions: Towards a Common European Data Space. Brussels, European Commission. 15 pp. (also available at https://eur-lex.europa.eu/legal-content/EN/TXT/PDF/?uri=CELEX:52018DC0232&from=EN).

**European Commission.** 2018a. Regulation (EU) 2018/1807 of the European Parliament and of the Council of 14 November 2018 on a Framework for the Free Flow of Non-personal Data in the European Union. Official Journal of the European Union (L 303/59). (also available at https://eur-lex.europa.eu/eli/reg/2018/1807/oj).

**European Commission.** 2018b. Directive 95/46/EC (General Data Protection Regulation). Official Journal of the European Union (L 127/2). (also available at https://eur-lex.europa.eu/legal-content/EN/TXT/?uri=celex:32016R0679R(02)).

**European Commission.** 2019. Directive (EU) 2019/1024 of the European Parliament and of the Council of 20 June 2019 on Open Data and the Re-use of Public Sector Information. Official Journal of the European Union (PE/28/2019/REV/1). (also available at https://eur-lex.europa.eu/eli/dir/2019/1024/oj).

**European Commission.** 2020. Open Data: Agent of Change [online]. [Cited 15 September 2020]. www.europeandataportal.eu/elearning/en/module3/#/id/co-01.

**European Statistical System.** 2017. Position Paper on Access to Privately Held Data Which Are of Public Interest. Opening up New Data Sources for a New Generation of Official Statistics – in Light of the Growing European Digital Single Market and the Revision of the Public Sector Information Directive. Brussels, European Statistical System. 19 pp. (also available at https://ec.europa.eu/eurostat/documents/7330775/8463599/ESS+Position+Paper+on+Access+to+privately+held+data+final+-+Nov+2017.pdf/6ef6398f-6580-4731-86ab-9d9d015d15ae).

**FAO, IFAD, UNICEF, WFP & WHO.** 2019. The State of Food Security and Nutrition in the World: Safeguarding Against Economic Slowdowns and Downturns. Rome, FAO. 214 pp. (also available at www.fao.org/3/ca5162en/ca5162en.pdf).

**FAO.** 2014. The State of Food and Agriculture 2014: Innovation in Family Farming. Rome, FAO. 139 pp. (also available at www.fao.org/publications/sofa/2014/en/).

**FAO.** 2015. World Programme for the Census of Agriculture 2020: Volume 1 – Programme, concepts and definitions. Rome. 204 pp. (also available at www.fao.org/3/a-i4913e.pdf).

**FAO.** 2018. Status of Implementation of E-Agriculture in Central and Eastern Europe and Central Asia. Insights from selected countries in Europe and Central Asia. Budapest, FAO. 64 pp. (also available at www.fao.org/3/I8303EN/i8303en.pdf).

**FAO.** 2019. Family Farming Knowledge Platform: Smallholders Dataportrait [online]. Rome. [Cited 19 September 2019]. www.fao.org/family-farming/data-sources/dataportrait/production/en/.

**Farmobile.** 2020. [online]. United States of America. [Cited 24 September 2020]. www.farmobile.com/.

**Federal Ministry of Food and Agriculture (BMEL).** 2019. Berlin World Food Conference: Governments Agree on Communiqué on Digital Transformation and Agriculture [online]. [Cited 15 September 2020]. www.bmel.de/EN/topics/international-affairs/global-forum-for-food-and-agriculture/gffa-2019.html.

**Ferris, L. & Rahman, Z.** 2016a. Responsible Data in Agriculture. In: The Engine Room Library [online]. [Cited 5 May 2020]. https://library.theengineroom.org/agriculture.

**Ferris, L. & Rahman, Z.** 2016b. Responsible Data in Agriculture. Wallingford, Global Open Data for Agriculture & Nutrition (GODAN). 16 pp. (also available at www.godan.info/sites/default/files/documents/Godan_Responsible_Data_in_Agriculture_Publication_lowres.pdf).

**FORCE11.** 2014. Guiding Principles for Findable, Accessible, Interoperable and Re-usable Data Publishing Version b1.0. In FORCE11. [online]. [Cited 5 May 2020] www.force11.org/fairprinciples.

**Garrett, J.J.** 2005. Ajax: A New Approach to Web Applications. Adaptive Path. 4 pp. (also available at https://immagic.com/eLibrary/ARCHIVES/GENERAL/ADTVPATH/A050218G.pdf).

**GiSC.** 2020. Grower's Information Services Coop. [online]. United States of America. [Cited 24 September 2020]. www.gisc.coop/.

**Global Open Data for Agriculture & Nutrition (GODAN).** 2016. Introducing the Agriculture Open Data Package BETA Version. Wallingford, GODAN. 16 pp. (also available at www.godan.info/sites/default/files/GODAN_AG_Open_Data_Package_PRINT_1.pdf).

**GODAN Action.** 2018. Open Data Management in Agriculture and Nutrition Course. In: GODAN Global Open Data for Agriculture and Nutrition [online]. [Cited 1 October 2020]. www.godan.info/open-data-management-agriculture-and-nutrition-course-english.

**GODAN Secretariat.** 2017a. Open Climate. [video]. [Cited 24 September 2020]. www.youtube.com/watch?v=y9SwIpHT5A4&feature=youtu.be.

**GODAN Secretariat.** 2017b. Open Skies. [video]. [Cited 24 September 2020]. www.youtube.com/watch?v=MJ0VX7CqmSc&feature=youtu.be.

**GODAN Secretariat.** 2020. Mission. In: GODAN - Global Open Data for Agriculture and Nutrition [online]. [Cited 27 September 2020]. www.godan.info/pages/mission.

**Good Growth Plan Progress Data.** 2020. In Syngenta Global. [online]. [Cited 24 September 2020]. http://opendata.syngenta.agroknow.com/the-good-growth-plan-progress-data.

**Government of the Republic of Macedonia.** 2018. Open Data Strategy (2018-2020). Skopje, Ministry of Information Society and Administration. 86 pp. (also available at http://mioa.gov.mk/sites/default/files/pbl_files/documents/strategies/open_data_strategy_en.pdf).

**Gray, B., Babcock, L., Tobias, L., McCord, M., Herrera, A., Osei, C. & Cadavid, R.** 2018. Digital Farmer Profiles: Reimagining Smallholder Agriculture. Washington DC, United States Agency for International Development (USAID). 91 pp. (also available at www.usaid.gov/sites/default/files/documents/15396/Data_Driven_Agriculture_Farmer_Profile.pdf).

**Gray, J.** 2014. Towards a Genealogy of Open Data. Presented at General Conference of the European Consortium for Political Research, Glasgow, UK, 3–6 September 2014. (also available at http://dx.doi.org/10.2139/ssrn.2605828).

**Hallsworth, M., Parker, S. & Rutter, J.** 2011. Policy Making in the Real World: Evidence and Impact. London, Institute for Government. 105 pp. (also available at www.instituteforgovernment.org.uk/sites/default/files/publications/Policy%20making%20in%20the%20real%20world.pdf).

**HIMSS.** 2019. What is Interoperability? HIMSS 2013 Definition. In: HIMSS [online]. [Cited 27 September 2020]. www.himss.org/previous-himss-interoperability-definitions.

**Hirst, A. T.** 2011. Merging Datasets with Common Columns in Google Refine. OUseful.Info, the Blog... [online]. [Cited 24 September 2020]. https://blog.ouseful.info/2011/05/06/merging-datesets-with-common-columns-in-google-refine.

**How to Extract Part of Text String from Cell in Excel?** 2020. Extend Office. [online]. [Cited 24 September 2020]. www.extendoffice.com/documents/excel/3639-excel-extract-part-of-string.html.

**ICASA.** 2013. ICASA Master Variable List. In: AgMIP Software Development [online]. [Cited 27 September 2020]. https://vest.agrisemantics.org/content/agmip-icasa-master-variable-list.

**IFPRI.** 2020. Food Security Portal [online]. [Cited 27 September 2020]. www.foodsecurityportal.org.

**International Food Policy Research Institute (IFPRI).** 2016. Global Nutrition Report 2016: From Promise to Impact: Ending Malnutrition by 2030. Washington DC, IFPRI. 180 pp. (also available at https://globalnutritionreport.org/reports/2016-global-nutrition-report/).

**ISO.** 2014. ISO 19101-1:2014(en), Geographic Information – Reference Model – Part 1: Fundamentals. In: ISO Online Browsing Platform (OBP) [online]. [Cited 27 September 2020]. www.iso.org/obp/ui/#iso:std:iso:19101:-1:ed-1:v1:en.

**Jansen, B.J. & Pooch, U.** 2000. A Review of Web Searching Studies and a Framework for Future Research. Journal of the American Society for Information Science and Technology [online]. http://onlinelibrary.wiley.com/doi/10.1002/1097-4571(2000)9999:9999%3C::AID-ASI1607%3E3.0.CO%3B2-F/full.

**Jensen, R.** 2007. The Digital Provide: Information (Technology), Market Performance, and Welfare in the South Indian Fisheries Sector, The Quarterly Journal of Economics, CXXII(3): 879–924. (also available at https://mmd4d.files.wordpress.com/2009/04/jensen-indian-fisheries.pdf).

**Kritikos, M.** 2017. Precision Agriculture in Europe. Legal, Social and Ethical Considerations. Brussels, European Parliament. 80 pp. (also available at www.europarl.europa.eu/RegData/etudes/STUD/2017/603207/EPRS_STU(2017)603207_EN.pdf).

**Maru, A., Berne, D., De Beer, J., Ballantyne, P., Pesce, V., Kalyesubula, S., Addison, C.,** et al. 2018. Digital and Data-Driven Agriculture: Harnessing the Power of Data for Smallholders. Rome, Global Forum on Agricultural Research and Innovation (GFAR); Wallingford, Global Open Data for Agriculture & Nutrition (GODAN); Wageningen, Technical Centre for Agricultural and Rural Cooperation (CTA). 38 pp. (also available at https://hdl.handle.net/10568/92477).

**Mazzucato, M.** 2018. Let's Make Private Data into a Public Good [online]. [Cited 15 September 2020]. www.technologyreview.com/2018/06/27/141776/lets-make-private-data-into-a-public-good.

**Merge Two Excel Files Using a Common Column.** 2020. Stack Exchange - Super User. [online]. [Cited 15 September 2020] https://superuser.com/questions/366647/merge-two-excel-files-using-a-common-column.

**Microsoft.** 2015. FarmBeats: AI, Edge & IoT for Agriculture. In: Microsoft Research [online]. [Cited 27 September 2020]. www.microsoft.com/en-us/research/project/farmbeats-iot-agriculture.

**Muwonge, D.** 2018. Value Addition Through Digitalisation for Uganda Coffee Farmers. ICT Update, Issue 89 [online]. [Cited 15 September 2020]. www.cta.int/en/article/value-addition-through-digitalisation-for-ugandan-coffee-farmers-sid063cfbfb5-a904-4078-a296-4b563772f53c.

**NUCAFE.** 2020. [online]. Uganda. [Cited 5 May 2020]. https://nucafe.org.

**OGC & W3C.** 2017. Semantic Sensor Network Ontology. In: W3C [online]. [Cited 27 September 2020]. https://github.com/NCEAS/oboe/tree/OBOE_1_1.

**OGC.** 2020a. Geography Markup Language. In: OGC [online]. [Cited 27 September 2020]. www.ogc.org/standards/gml.

**OGC.** 2020b. Observations and Measurements. In: OGC [online]. [Cited 27 September 2020]. www.ogc.org/standards/om.

**Open Data Institute (ODI).** 2013a. Engaging with Reusers [online]. [Cited 15 September 2020]. https://theodi.org/article/engaging-with-reusers.

**Open Data Institute (ODI).** 2013b. Publisher's Guide to the Open Data Rights Statement Vocabulary [online]. [Cited 15 September 2020]. https://theodi.org/article/publishers-guide-to-the-open-data-rights-statement-vocabulary.

**Open Data Institute (ODI).** 2013c. Reuser's Guide to Open Data Licensing [online]. [Cited 15 September 2020]. https://theodi.org/article/reusers-guide-to-open-data-licensing.

**Open Data Institute (ODI).** 2016. We Need to Learn How to Search the Web of Data [online]. [Cited 15 September 2020]. https://theodi.org/article/we-need-to-learn-how-to-search-the-web-of-data.

**Open Data Institute (ODI).** 2019a. The Data Spectrum. In: The Open Data Institute (ODI) [online]. [Cited 27 September 2020]. https://theodi.org/about-the-odi/the-data-spectrum.

**Open Data Institute (ODI).** 2019b. Open Data in a Day [online]. [Cited 1 October 2020]. http://training.theodi.org/InADay/#/id/co-01.

**Open Data Institute (ODI).** 2020. ODI Open Data Certificate [online]. [Cited 25 September 2020]. https://certificates.theodi.org/en.

**Open Knowledge Foundation.** 2020a. Why Open Data? In: Open Knowledge Foundation [online]. [Cited 27 September 2020]. https://okfn.org/opendata/why-open-data.

**Open Knowledge Foundation.** 2020b. Open Definition 2.1 - Open Definition – Defining Open in Open Data, Open Content and Open Knowledge. In: Open Definition [online]. [Cited 27 September 2020]. http://opendefinition.org/od/2.1/en.

**Open Knowledge Foundation.** 2020c. Conformant Licenses [online]. [Cited 27 September 2020]. http://opendefinition.org/licenses.

**Pesce, V.** 2019. Digital Agriculture: Data-related Policy Issues and Current Policy Directions in Europe and Central Asia. Background research funded by the World Bank. (Unpublished).

**Pesce, V., Tennison, J., Dodds, L. & Zervas, P.** 2017. Weather Data Standards: A Gap Exploration Report. Wallingford, Global Open Data for Agriculture and Nutrition (GODAN). 46 pp. (also available at https://doi.org/10.7490/f1000research.1115856.1).

**Pesce. V.** 2017. Semantic Challenges in Sharing Dataset Metadata and Creating Federated Dataset Catalogs. The Example of the CIARD RING. Paper presented at MACS G20 Workshop, 2017, Berlin. [Cited 27 September 2020]. www.slideshare.net/valeriap/semantic-challenges-in-sharing-dataset-metadata-and-creating-federated-dataset-catalogs-the-example-of-the-ciard-ring.

**Rapsomanikis, G.** 2015. The Economic Lives of Smallholder Farmers: An Analysis Based on Household Data from Nine Countries. Rome, FAO. 39 pp. (also available at www.fao.org/3/a-i5251e.pdf).

**Rasmussen, N.** 2016. From Precision Agriculture to Market Manipulation: A New Frontier in the Legal Community. Minnesota Journal of Law, Science & Technology, 17(1): 489–516. (also available at https://scholarship.law.umn.edu/cgi/viewcontent.cgi?referer=&httpsredir=1&article=1008&context=mjlst).

**Rivenes, L.** 2019. A GDPR Overview for eCommerce Retailers. In. DataFeedWatch Blog [online]. [Cited 30 November 2020]. www.datafeedwatch.com/blog/a-gdpr-overview-for-ecommerce-retailers.

**Sanderson, J., Wiseman, L. & Poncini, S.** 2018. What's behind the ag-data logo? An examination of voluntary agricultural-data codes of practice. International Journal of Rural Law and Policy, 01 [online]. https://epress.lib.uts.edu.au/journals/index.php/ijrlp/article/view/6043.

**Save the Children and the Open University.** 2014. 6 Methods of Data Collection and Analysis. Save the Children. 30 pp. (also available at https://resourcecentre.savethechildren.net/node/12203/pdf/6_methods_of_data_collection.pdf).

**Schrijver, R.** 2016. Precision agriculture and the future of farming in Europe: Scientific Foresight Study. Brussels, European Parliament. 42 pp. (also available at https://publications.europa.eu/en/publication-detail/-/publication/40fe549e-cb49-11e7-a5d5-01aa75ed71a1/language-en).

**Smart Nkunganire System.** 2020. [online]. Rwanda. [Cited 24 September 2020]. www.smartnkunganire.rw.

**Smith, C.** 2017. The iPhone 8's Glass Back Might be Fragile, but It's Still Better than the Note

8. In BGR. [online]. [Cited 24 September 2020]. https://bgr.com/2017/09/25/iphone-8-plus-vs-galaxy-note-8-drop-test-glass.

**Socrata.** 2015. Could the LIVES Standard Reduce Food Poisonings? [online]. [Cited 18 May 2015]. www.socrata.com/blog/lives-helps-prevent-food-poisoning-in-restaurants.

**Stoodley, C.** 2019. The Brain and Reading [online]. [Cited 1 October 2020]. www.waece.org/cd_morelia2006/ponencias/stoodley.htm.

**Sturgis, P., Baker, N., Callegaro, M., Fisher, S., Green, J., Jennings, W., Kuha, J., Lauderdale, B. & Smith, P.** 2016. Report of the Inquiry into the 2015 British General Election Opinion Polls. Project Report. London, British Polling Council, and the Market Research Society. 120 pp. (also available at http://eprints.ncrm.ac.uk/3789/).

**Svensson, J. & Yanagizawa, D.** 2010. Getting Prices Right: The Impact of the Market Information Service in Uganda, Journal of the European Economic Association, 7(2-3): 435–445. (also available at https://yanagizawadrott.com/wp-content/uploads/2016/02/getting-prices-right.pdf).

**Sylvester, G.** 2019. E-agriculture in Action: Blockchain for Agriculture – Opportunities and Challenges. Rome, FAO. 72 pp. (also available at www.fao.org/3/CA2906EN/ca2906en.pdf).

**Technical Centre for Agricultural and Rural Cooperation (CTA).** 2019. Farmers Organisations Experiences with the Data Collection for Farmer's Profiles: Second Interim Report of CTA. Wageningen. (unpublished).

**Technologies for African Agricultural Transformation (TAAT).** 2018. Taat Policy Support Retreat. Paper presented at, 15 March 2018. [Cited 20 September 2019]. www.slideshare.net/ifpriwcao/taat-policy-support-retreat.

**TechnoServe.** 2017. Technical Solutions for Food Security in Africa [online]. [Cited 15 September 2020]. www.technoserve.org/blog/technical-solutions-for-food-security-in-africa.

**Tennison, J. & Scott, A.** 2018. Getting Paid for Personal Data won't Make Things Better [online]. [Cited 15 September 2020]. https://theodi.org/article/jeni-tennison-getting-paid-for-personal-data-wont-make-things-better.

**Townsend, T., Lampietti, J., Treguer, D., Schroeder, K., Haile, M., Juergenliemk, A., Hasiner, E.** et al. 2019. Future of Food: Harnessing Digital Technologies to Improve Food System Outcomes. Washington DC, World Bank. 44 pp. (also available at http://hdl.handle.net/10986/31565).

**Tsan, M., Totapally, S., Hailu, M. & Addom, B.K.** 2019. The Digitalisation of African Agriculture Report, 2018-2019. Wagneingen, CTA. 238 pp. (also available at www.cta.int/en/digitalisation-agriculture-africa).

**Uganda Tea Development Agency.** 2020. [online]. Uganda. [Cited 5 May 2020]. http://www.ugatea.com/.

**UK Data Service.** 2020. Costing Data Management [online]. [Cited 27 September 2020]. www.ukdataservice.ac.uk/manage-data/plan/costing.

**UNECE.** 2010. UN/EDIFACT Message DAPLOS Release: 10A. In: UN/EDIFACT [online]. [Cited 27 September 2020]. https://service.unece.org/trade/untdid/d10a/trmd/daplos_c.htm.

**Van der Wees, A., Stefanatou, D., Svorc, J., van den Ham, M., Vermesan, O., Annicchino, P., Ziegler, S. & Scudiero, L.** 2017. H2020 – CREATE-IoT Project. Deliverable 05.05. Legal IoT Framework (Initial). Brussels, European Commission. (also available at https://european-iot-pilots.eu/wp-content/uploads/2018/02/D05_05_WP05_H2020_CREATE-IoT_Final.pdf).

**Vigen, T.** 2020. Spurious Correlations. In Tylervigen. [online]. [Cited 25 September 2020]. http://tylervigen.com/spurious-correlations.

**W3C.** 2014. RDF Data Cube Vocabulary. In: W3C [online]. [Cited 27 September 2020]. www.w3.org/TR/vocab-data-cube.

**W3C**. 2015. Ontologies. In: W3C [online]. [Cited 27 September 2020]. www.w3.org/standards/semanticweb/ontology.

**W3C.** 2017. Data on the Web Best Practices. In: W3C [online]. [Cited 27 September 2020]. www.w3.org/TR/dwbp.

**Waite, R., Hanson, C., Searchinger, T, & Ranganathan, J.** 2018. This Is How to Sustainably Feed 10 Billion People by 2050. In: World Economic Forum [online]. Geneva. [Cited 20 September 2019]. www.weforum.org/agenda/2018/12/how-to-sustainably-feed-10-billion-people-by-2050-in-21-charts/.

**What is Open Data. In European Data Portal.** [online]. [Cited 24 September 2020]. www.europeandataportal.eu/en/training/what-open-data.

**What is Open Data. In Open Data Handbook** [online]. [Cited 24 September 2020]. http://opendatahandbook.org/guide/en/what-is-open-data.

**White, J.W., Hunt, L.A., Boote, K.J., Jones, J.W., Koo, J., Kim, S., Porter, C.H., Wilkens, P.W. & Hoogenboom, G.** 2013. Integrated Description of Agricultural Field Experiments and Production: The ICASA Version 2.0 Data Standards. Computers and Electronics in Agriculture, 96:1–12. (also available at http://dssat.net/wp-content/uploads/2014/02/White2013ICASA_V2_standards.pdf).

**Wiebe, K.D., Sulser, T.B., Mason-D'Croz, D. & Rosegrant, M.W.** 2017. The Effects of Climate Change on Agriculture and Food Security in Africa. In A. De Pinto & J.M. Ulimwengu, eds. A Thriving Agricultural Sector in a Changing Climate: Meeting Malabo Declaration Goals Through Climate-Smart Agriculture. pp. 5–21. Washington DC, USA, International Food Policy Research Institute. (also available at http://dx.doi.org/10.2499/9780896292949_02).

**Wikipedia.** 2019. Data Localization [online]. [Cited 15 September 2020]. https://en.wikipedia.org/

wiki/Data_localization.

**Wikipedia.** 2020a. Facebook – Cambridge Analytica Data Scandal [online]. [Cited 15 September 2020]. https://en.wikipedia.org/wiki/Facebook%E2%80%93Cambridge_Analytica_data_scandal.

**Wikipedia.** 2020b. World Wide Web [online]. [Cited 15 September 2020]. https://en.wikipedia.org/wiki/World_Wide_Web.

**Wikipedia.** 2020c. Yahoo! Directory [online]. [Cited 15 September 2020]. https://en.wikipedia.org/wiki/Yahoo!_Directory.

**Wikipedia.** 2020d. AltaVista [online]. [Cited 15 September 2020]. https://en.wikipedia.org/wiki/AltaVista.

**Wikipedia.** 2020e. Lycos [online]. [Cited 15 September 2020]. https://en.wikipedia.org/wiki/Lycos.

**Wikipedia.** 2020f. PageRank [online]. [Cited 15 September 2020]. https://en.wikipedia.org/wiki/PageRank.

**Wikipedia.** 2020g. The dress [online]. [Cited 15 September 2020]. https://en.wikipedia.org/wiki/The_dress.

**Wikipedia.** 2020h. Data visualization [online]. [Cited 15 September 2020]. https://en.wikipedia.org/wiki/Data_visualization.

**Wikipedia.** 2020i. Extract, transform, load [online]. [Cited 15 September 2020]. https://en.wikipedia.org/wiki/Extract,_transform,_load.

**Wikipedia.** 2020j. Open access [online]. [Cited 15 September 2020]. https://en.wikipedia.org/wiki/Open_access.

**Wikipedia.** 2020k. Data. [online]. [Cited 27 September 2020]. https://en.wikipedia.org/w/index.php?title=Data&oldid=978303903.

**Wikipedia.** 2020l. SPARQL [online]. [Cited 15 September 2020]. https://en.wikipedia.org/wiki/SPARQL.

**Wikipedia.** 2020m. Representational state transfer [online]. [Cited 15 September 2020]. https://en.wikipedia.org/wiki/Representational_state_transfer.

**Wikipedia.** 2020n. OPeNDAP [online]. [Cited 15 September 2020]. https://en.wikipedia.org/wiki/OPeNDAP.

**Wikipedia.** 2020o. Resource Description Framework [online]. [Cited 15 September 2020]. https://en.wikipedia.org/wiki/Resource_Description_Framework.

**Wikipedia.** 2020p. Ontology (information science) [online]. [Cited 15 September 2020]. https://en.wikipedia.org/wiki/Ontology_(information_science).

**Wikipedia.** 2020r. Multi-Crop Passport Descriptor [online]. [Cited 15 September 2020]. https://en.wikipedia.org/wiki/Multi-Crop_Passport_Descriptor.

**Wikipedia.** 2020s. Uniform Resource Identifier [online]. [Cited 15 September 2020]. https://en.wikipedia.org/wiki/Uniform_Resource_Identifier.

**Wiley, D.** 2020. Defining the "Open" in Open Content and Open Educational Resources [online]. [Cited 27 September 2020]. http://opencontent.org/definition.

**Witkin, R.** 1983. Jet's Fuel Ran Out After Metric Conversion Errors [online]. [Cited 15 September 2020]. www.nytimes.com/1983/07/30/us/jet-s-fuel-ran-out-after-metric-conversion-errors.html?mcubz=1.

**World Bank.** 2017. Cereal Yield (kg per hectare) Data. In: World Bank Open Data [online]. [Cited 27 September 2020]. https://data.worldbank.org/indicator/AG.YLD.CREL.KG.

**World Bank.** 2020a. Agriculture & Rural Development. In World Bank Open Data. [online]. [Cited 24 September 2020]. https://data.worldbank.org/topic/agriculture-and-rural-development?locations=KE-TZ-RW-GH-NG-ML-BF.

**World Bank.** 2020b. DataBank. [online]. [Cited 24 September 2020]. https://databank.worldbank.org/home.aspx.

**World Intellectual Property Organization (WIPO).** 2014. Intellectual Property Handbook: Policy, Law and Use. Geneva, WIPO. 488 pp. (also available at www.wipo.int/about-ip/en/iprm/).

**World Intellectual Property Organization (WIPO).** 2016. Understanding Copyright and Related Rights. Geneva, WIPO. 40 pp. (also available at http://www.wipo.int/edocs/pubdocs/en/wipo_pub_909_2016.pdf).

**World Wide Web Foundation.** 2020. Get the Data | Open Data Barometer. In: Open Data Barometer [online]. [Cited 27 September 2020]. https://opendatabarometer.org/leadersedition/data.

**World Wide Web Size.** 2020. The Size of the World Wide Web (The Internet) [online]. [Cited 15 September 2020]. www.worldwidewebsize.com.

图书在版编目（CIP）数据

农业发展过程中农场数据的管理、共享和服务 / 联合国粮食及农业组织编著；张龙豹等译. —北京：中国农业出版社，2022.12

(FAO中文出版计划项目丛书)

ISBN 978-7-109-30340-9

Ⅰ. ①农… Ⅱ. ①联… ②张… Ⅲ. ①农场管理—数据管理—研究 Ⅳ. ①F306.1

中国国家版本馆CIP数据核字（2023）第006259号

著作权合同登记号：图字01-2022-4082号

农业发展过程中农场数据的管理、共享和服务
NONGYE FAZHAN GUOCHENGZHONG NONGCHANG SHUJU DE GUANLI GONGXIANG HE FUWU

中国农业出版社出版
地址：北京市朝阳区麦子店街18号楼
邮编：100125
责任编辑：郑 君 杨 春 文字编辑：杨 春
版式设计：杨 婧 责任校对：吴丽婷
印刷：北京通州皇家印刷厂
版次：2022年12月第1版
印次：2022年12月北京第1次印刷
发行：新华书店北京发行所
开本：700mm × 1000mm 1/16
印张：12
字数：230千字
定价：89.00元

本书阐述了数据在农业价值链中的重要性以及如何利用新兴技术和现有技术、产品和服务来提升农场管理水平，如何借助全球大数据来实现粮食增产、减损、增值、获利并提高农场的复原力，旨在加强专业人员利用和管理数据的能力，从而更好地维护农民和农民组织的利益。

本书涵盖以下领域：数据价值、数据种类和来源、鉴别数据为农业提供的服务类型；数据在价值链中如何产生及利用；小农户分享数据时面临的挑战和风险；农民相关策略分析；开放数据获取的方法和渠道；数据分析和可视化技术；农民数据共享层面的相关法律和政策；关于数据许可、版权和数据库使用权的基础知识。

本书的出版有利于提高农民的数据保护和使用意识，认识到数字产品和数字服务已成为一个迅速发展的领域，提升了对电子推广、精准农业和数字金融服务等领域的预期和投资。

封面设计：田　雨

欢迎登录中国农业出版社网站：http://www.ceap.com.cn
欢迎拨打中国农业出版社读者服务部热线：010-59194918，65083260
购书敬请关注中国农业出版社天猫旗舰店：
中国农业出版社官方微信号
乡村振兴分社投稿邮箱：1377642004@qq.com
ISBN 978-7-109-30340-9
9 787109 303409 >
定价：89.00元